T0358170

LES
RELIGIONS ORIENTALES DANS L'ESPAGNE ROMAINE

ÉTUDES PRÉLIMINAIRES
AUX RELIGIONS ORIENTALES
DANS L'EMPIRE ROMAIN

PUBLIÉES PAR

M. J. VERMASEREN

TOME CINQUIÈME

A. GARCÍA Y BELLIDO

LES RELIGIONS ORIENTALES
DANS L'ESPAGNE ROMAINE

LEIDEN
E. J. BRILL
1967

A. GARCÍA Y BELLIDO

LES
RELIGIONS ORIENTALES
DANS L'ESPAGNE ROMAINE

AVEC UNE FRONTISPICE, 19 FIGURES ET 20 PLANCHES

LEIDEN
E. J. BRILL
1967

TABLE DES MATIÈRES

PRÉFACE

L'idée qu'évoque la dénomination de Religions Orientales embrasse à notre avis, deux concepts très complexes, mais aussi très distincts. Au sens géographique du mot, il faudra considérer ces religions ou croyances comme strictement orientales ou de provenance orientale. De ce fait, les formes religieuses grecques et romaines, qu'il s'agisse de leur structure, de leur origine ou de leur extension — tout autant celles d'ordre supérieur national ou dépendant de l'État, que celles de conception populaire embryonnaire ou appartenant à une minorité choisie — resteraient en dehors de cette acception. Du point de vue religieux: contenu, expression, religiosité, elles impliquent une interprétation plus étendue, plus complexe. En effet, si l'une des manifestations spécifiques des religions appelées orientales réside dans leur contenu mystagogique, certains phénomènes religieux grecs du même contenu, qui, de plus, se différencient nettement des cultes populaires, nationaux ou de l'État, doivent prendre place à leurs côtés. Il est hors de doute que si parmi les documents hispaniques connus, il s'était trouvé certains documents d'évidente filiation orphique, pythagorique ou éleusinienne, je n'aurais certes pas hésité un moment à les incorporer ici, bien que, de par leur origine géographique, ils n'eussent pas appartenu strictement à l'Orient [1]).

D'autre part et bien que les principaux phénomènes religieux d'origine géographique orientale relèvent de la nature mystagogique, certains des cultes mentionnés ici ne peuvent être considérés comme tels, parce qu'ils manquent de quelques-uns des caractères les plus distinctifs des religions mystagogiques, ou qu'ils n'ont

---

[1]) Cependant, certains monuments espagnols pourraient être de caractère éleusinien; p. ex. le relief d'El Guijo (Cordoue) (cf. mon livre *Esculturas Romanas de España y Portugal*, Madrid, 1949, no 402) ou certaines terres cuites trouvées à Ampurias, à Ibiza ou à d'autres endroits du Levant (cf. mon *Hispania Graeca*, Barcelone, 1948, pls 146, 149 et 157). Bien que parfaitement adaptés au cadre de cette étude, nous devons faire abstraction en raison de leur caractère spécial, des cultes dionysiaques qui survécurent à l'époque romaine impériale et y furent même très répandus.

pas pu se développer dans toute leur plénitude. En effet, seules les
grandes religions strictement orientales, en particulier les asiatiques, possèdent à un degré suffisant ces caractères distinctifs qu'on
a coutume d'attribuer aux religions mystagogiques; déité palin-
génétique, sentiment eschatologique et sotériologique, rites cathar-
tiques, rites d'initiation, esprit prosélytique, tendance universelle,
oecuménique etc., caractères qui ne se détachent pas toujours
clairement dans d'autres croyances qui, bien qu'incluses ici, ne
sont à vrai dire que tolerées au titre de religions ou croyances
naturalistes de caractère ethnique-agraire, c'est-à-dire sous leurs
formes primitives, préhistoriques, néolithiques. Nous n'insisterons
pas sur d'autres cultes, qui ne débordèrent jamais des limites
primitives de la famille, des tribus ou des peuples: baalim syrio-
phéniciens par exemple et, bien que déjà au titre de cultes urbains
nationaux, ceux d'Hercules Gaditanus et de Dea Caelestis.

Quant au terme ,,Religions'' il est évident qu'il faut le prendre
dans un sens très large, car, à vrai dire, certaines des formes
historico-religieuses mentionnées ici n'arrivèrent jamais, à proprement parler, à se convertir en véritables religions, et ne furent que
de simples croyances, voir des superstitions de caractère magique
très accusé. Quel sentiment religieux, par exemple, enserrait le
culte de Némésis et celui-là même de Sabazios?

En résumé: étant donné le titre général de la série à laquelle
appartient ce fascicule, j'ai compris que je devais, sans hésiter, en
exclure les religions nationales grecque et romaine, mais y inclure
en revanche d'autres qui, tout en n'étant ni géographiquement
orientales, ni nettement mystagogiques, ni même des religions au
sens strict du mot, revêtent cependant des aspects et des nuances
qui les apparentent aux religions de mystère et qui les rendent,
par cela même, contraires aux religions typiquement nationales
de la Grèce et de Rome.

Le titre qui exprimerait le mieux le critérium que j'ai adopté
dans ce recueil de documents, serait celui de Religions exotiques,
si par cette appellation nous entendons toutes celles qui ne furent
jamais assimilées au panthéon romain officiel de l'État, bien que
vivant près de lui et quelquefois même dans son sein. C'est cet
exotisme, ce caractère périphérique, qui est le commun dénomina-

teur de tous ces cultes orientaux par rapport à l'Empire romain. Dans le cadre géographique où naquirent et vécurent les deux grandes manifestations religieuses grecque et romaine, les croyances qui nous occupent ici se présentent, du point de vue historique, comme, étrangères au fonds religieux gréco-romain. Ce furent des produits importés de terres lointaines, périphériques, nés par conséquence dans un milieu spirituel et culturel tout autre que celui de la Grèce et de Rome, mais elles y pénétrèrent profondément à la faveur d'une perméabilité qui leur fraya un passage, entre autres puissantes raisons, parce qu'elles venaient occuper les vides spirituels que la religion officielle, nationale, était incapable de combler. Cet exotisme est, par cela même, le caractère le plus général qui distingue toutes les religions (orientales ou non) qui se propagèrent par l'Empire romain en marge ou à côté de la religion officielle de l'État romain. L'exposé de ce qui précède constitue l'idée directrice de notre travail.

Quant au thème je me suis limité à ce qui, selon moi, constitue le but de la série à laquelle appartient ce volume: la réunion de matériaux qui, un jour, puissent servir de base à des théories plus étendues de caractère historique. Le présent livre n'est donc pas une histoire des religions orientales dans l'ancienne Hispanie. Nous sommes encore bien loin de pouvoir dessiner une image cohérente de ce que put être durant l'Empire romain la vie religieuse hispano-romaine et, moins encore naturellement, sous l'aspect qui nous occupe ici. On sait que les références littéraires ou allusions historiques se rapportant à ces phénomènes sont relativement peu nombreuses, non seulement parce que les cultes orientaux conservèrent toujours un caractère plus ou moins cryptique, secret, mais aussi parce que l'histoire officielle ne prêtait nulle attention à ces courants idéologiques, sauf lorsqu'ils entraient en lutte avec la politique administrative romaine. Du fait qu'ils n'appartiennent pas, à proprement parler, à la religion nationale romaine, ces cultes exotiques glissaient à travers la société comme un courant souterrain, qui ne se manifestait que sous l'effet de quelque révulsif social; alors seulement il se faisait manifeste et visible. Il ne faut pas oublier que les religions mystagogiques ne furent pour Rome que des religions tolérées, même dans les cas où quelques-unes de ses déités arrivèrent à entrer dans le pomerium et à faire partie du panthéon romain officiel. L'ambiance étroite et asphyxiante où ces croyances se développèrent et vécurent, tout au moins au commencement, explique l'affligeante pénurie de documents qui s'offre au chercheur. Dans la majorité des cas, ils se réduisent à des inscriptions, à des représentations figurées ou à des restes architecturaux et, bien que ces témoignages soient, de par leur nature, infiniment explicites et éloquents, il n'en reste pas moins vrai que, dans la plupart des cas, ils ne nous présentent que certains côtés externes, qui ne sont pas toujours susceptibles d'une interprétation claire propre à illuminer les points essentiels de la question: théogonie, théologie, sotériologie, eschatologie, leurs rites d'initiation, etc., etc.

Pensant donc au caractère purement documentaire de la série, il m'a paru convenable d'inclure dans cette contribution hispanique les cultes pré-romains d'origine phénicienne et, cela malgré l'objet général de la collection qui paraît limiter l'étude des religions orientales à l'époque romaine impériale. J'ai procédé ainsi parce que le phénomène religieux de caractère oriental revêt dans la Péninsule Ibérique un tout autre aspect que dans le centre de l'Europe. Ici, pour des raisons historiques, les croyances et les cultes orientaux n'apparaissent substantiellement qu'au temps de l'Empire. Par contre, en Espagne, par suite de ses étroites relations avec l'Orient depuis la fin du second millénaire av. J.-C., les idées religieuses orientales ont fait leur apparition plusieurs siècles avant et modelé de telle manière la base idéologique de son histoire religieuse qu'elles ont atteint l'époque romaine et imprimé un caractère particulier à certaines formes orientales du culte qui, bien que revêtues des apparences romaines, en rigueur et en essence continuent, plus ou moins modifiées, jusqu'au triomphe du christianisme. Nous en trouvons un exemple frappant dans le culte rendu à l'Hercules Gaditanus, qui n'est autre chose que celui du Baal tyrien introduit mille ans avant Auguste par les premiers colons phéniciens fondateurs de Cadiz. Un exemple semblable nous offre la Dea Caelestis carthaginoise qui, en réalité, était déjà connue en Espagne sous sa forme de Tanit bien avant son assimilation à la Junon romaine. Nombre de divinités secondaires encore mal connues, même dans leur pays d'origine: Baals syriens et phéniciens, par exemple, nous offriraient des cas semblables.

Quelque chose de similaire, mais cependant une échelle bien plus réduite, pourrait se dire de certaines formes religieuses grecques, car il ne faut pas oublier non plus que la colonisation hellénique de l'Espagne partit de la Grèce orientale, qui est toujours restée étroitement liée avec elle. Ainsi sur les côtes du Levant, tout autant que sur celles du Midi, on rendit très tôt un culte à l'Artemis éphésia, non seulement entre les colons grecs mais aussi, à ce qu'il paraît, parmi les indigènes.

ABBRÉVIATIONS

AA	=	Archäologischer Anzeiger.
ActaA	=	Acta Archæologica.
AEArq.	=	Archivo Español de Arqueología.
AEp	=	Année Épigraphique.
ArqPort.	=	O Arqueologo Português.
ARW	=	Archiv für Religionswissenschaft.
BCH	=	Bulletin de Correspondance Hellénique.
BJ	=	Bonner Jahrbücher.
BolTarragona	=	Boletín de la Real Sociedad Arqueológica Tarraconense.
BRAH	=	Boletín de la Real Academia de la Historia.
CIL	=	Corpus Inscriptionum Latinarum.
CIMRM	=	M. J. Vermaseren, *Corpus Inscriptionum et Monumentorum Religionis Mithriacae* I-II, Hagae Comitis, 1956-1960.
CMBadajoz	=	J. R. Mélida, *Catálogo Monumental de la Provincia de Badajoz*, Madrid, 1925.
CMCáceres	=	J. R. Mélida, *Catálogo Monumental de la Provincia de Cáceres*, Madrid, 1924.
CMCádiz	=	J. Romero de Torres, *Catálogo Monumental de la Provincia de Cádiz*, Madrid, 1934.
CMLéon	=	M. Gómez Moreno, *Catálogo Monumental de la Provincia de León*, Madrid, 1925.
CRAI	=	*Comptes Rendus de l'Académie des Inscriptions.*
Dar.-Sagl.	=	Daremberg et Saglio, *Dictionnaire des Antiquités Grecques et Romaines.*
Divinités Lusit.	=	S. Lambrino, *Les divinités orientales en Lusitanie*, Coimbra, 1954.
EE	=	*Ephemeris Epigraphica.*
Esc.Rom.	=	A. García y Bellido, *Esculturas romanas de España y Portugal*, Madrid, 1949.
F.y C.	=	A. García y Bellido, *Fenicios y Carthagineses en Occidente*, Madrid, 1942.
HAAN	=	S. Gsell, *Histoire Ancienne de l'Afrique du Nord.*
HAEpigr.	=	*Hispania Antiqua Epigraphica.*
HG	=	A. García y Bellido, *Hispania Graeca*, Barcelona, 1948.
JdI	=	*Jahrbuch des deutschen Archäologischen Instituts.*
MemMA	=	*Memorias de los Museos Arqueológicos.*
MH	=	A. Vives, *La Moneda Hispánica*, Madrid, 1925.
MMM	=	Fr. Cumont, *Textes et Monuments relatifs aux Mystères de Mithra*, I-II, Bruxelles, 1896-1898.
PWRE	=	*Realencyclopädie der classischen Altertumswissenschaft.*
RA	=	*Revue Archéologique.*
RABM	=	*Revista de Archivos Bibliotecas y Museos.*
RAEst	=	*Revue Archéologique de l'Est.*

RendPontAcc = *Rendiconti della Pontificia Accademia Romana di Archeologia.*

RHR = *Revue de l'Histoire des Religions.*

RL = L. Leite de Vasconcelos, *Religiões de Lusitania*, Lisbonne, vol. I, 1897; II, 1905 et III, 1913.

RLAntChrist. = *Real Lexikon für Antike und Christentum.*

RO[4] = Fr. Cumont, *Les Religions Orientales dans le paganisme romain*, Paris, 1929[4].

SEG = *Supplementum Epigraphicum Graecum.*

CHAPITRE I

DIVINITÉS PHÉNICIENNES

La colonisation phénicienne d'Espagne commence, comme on le sait, avec la fondation de Cadix, à la fin du second millénaire avant J.-C. [1]). C'est alors que les Phéniciens, suivis bientôt des Carthaginois, fondèrent dans le sud et dans le sud-est de la Péninsule plusieurs comptoirs coloniaux. En plus de Gadir (Cadix) nous connaissons Malaca (Málaga), Sexi (Almuñécar), Abdera (Adra), Baria (Villaricos), Kart-Hadashat (Carthago Nova, Cartagena), Ebyssos (Ebusus, Ibiza), qui frappaient de la monnaie. Nous savons aussi qu'il existait d'autres établissements et emporia, ainsi que des centres de population dans la vallée du Bétis et sur la côte du Détroit de Gibraltar; quelques-uns d'entre eux frappaient eux aussi de la monnaie [2]). Dans ces établissements, qui en certains lieux devaient être relativement importants, comme dans le bas Guadalquivir et dans la zône cotière située entre le Détroit et le Cap de Gata (les Libyophoinikes et Blastophoinikes des textes), on vénérait toutes ou presque toutes les déités ou les dieux secondaires phéniciens et carthaginois dont quelques noms seulement nous sont parvenus. Leur identification, certaine dans quelques cas, reste problématique pour d'autres [3]).

1) Pour ne citer qu'une bibliographie récente, je me permets de renvoyer le lecteur à mon livre F. y C., 5 ss. Voir aussi mon H.G., I, 29 ss. Dans ces ouvrages je maintiens mon point de vue — qui s'accorde avec celui de plusieurs autorités — c'est-à-dire, que cette fondation eut lieu, comme les textes l'indiquent, vers l'année 1100 av. J.-C. D'autres, cependant, lui assignent une date postérieure. Après Bosch Gimpera et d'autres, plus récemment E.-O. Forrer in *Festschrift Franz Dornseiff*, Leipzig, 1953, 85 ss et E. Frezouls dans *BCH*, 79, 1955, 153 ss, ont soutenu de nouveau cette dernière hypothèse.

2) Outre le premier de mes livres cité plus haut, voir *M.H.*, III, 41 ss et dernièrement A. Beltrán, *El alfabeto monetal llamado "libio-fenicio"* dans *Numisma* IV, 1954, 49 ss.

3) Citons parmi les premiers Baal-Hammon (connu sous le nom de Moloch) à rapprocher du Kronos grec; Melkart, l'Hercule tyrien dont le célèbre sanctuaire s'éleva à Cadix; Tanit, ensuite Iuno Caelestis; Eshmun, l'Asklepios

Tous ces cultes avaient une vie propre à l'époque pré-romaine. Les plus importants subsistèrent après la conquête, plus ou moins intégrés à leurs équivalents gréco-romains, comme l'Hercule gaditan, le Saturne africain et de la Dea Caelestis de Carthage. Les autres s'estompèrent peu à peu lors du triomphe de la romanisation de la Bétique, phénomène qui s'effectua rapidement et était déjà consommé du temps d'Auguste. De ces cultes secondaires, les uns disparurent, confondus avec des concepts romains, d'autres s'éteignirent, faute de vie propre; enfin, l'importance réduite de certains autres ne laissa place à aucun témoignage: ni monument ni inscription. Nous donnons ci-après la liste de tous les dieux phéniciens connus dans la Péninsule, soit par les écrits, soit par les souvenirs archéologiques (monnaies, épigraphes, bronzes, terres-cuites, etc.).

Melkart. C'est la déité phénicienne la plus importante d'Espagne, celle-là même qui, plus tard, s'appela Hercules Gaditanus. Son culte prend naissance au moment même où les Tyriens s'établissent à Cadix et nous le trouvons encore en pleine activité en l'année 400 de l'ère chrétienne, c'est-à-dire au bout de quinze siècles. Cette divinité nous étant mieux connue sous son aspect gréco-romain (Héraclès-Hercule) grâce aux témoignages écrits de Grecs et de Latins, nous avons cru opportun d'inclure l'étude que nous lui réservons dans le chapitre XIV que nous dédions aux grandes déités d'origine orientale vénérées dans l'Espagne romaine.

Baal-Hammon. Dans l'ensemble des divinités phénico-carthaginoises venues en premier lieu dans la Péninsule, Baal-Hammon figure à côté de Melkart. Elle se subsitua à la déité fausse du point de vue historique et connue jusqu'à ces dernières années sous le nom de Moloch. Il s'agit donc de la divinité que les Grecs appelaient Kronos et les Latins Saturnus. De Baal-Hammon il y a plusieurs

phénicien; Chusor, qui s'identifie avec Héphaïstos et Aresh qui fut un genre d'Hermès grec. Entre les divinités de moindre importance et d'attribution moins rigoureuse, citons Pygmalion, Arshuf, Reshef, espèce d'Astarté, et Bes. On y ajoute quelques divinités syriennes, qui peuvent être comparées à d'autres phéniciennes et un nombre indéterminé de dieu locaux mal connus.

témoignages en Espagne, ainsi que nous le verrons plus bas. Nous devons avant tout faire cependant quelques brèves considérations.

Des preuves suffisantes nous permettent d'affirmer que dans le monde phénicien et carthaginois se pratiquèrent de temps immémorial et même jusqu'à une époque avancée de la période impériale romaine, des rites sanglants en honneur de cette déité, lesquels consistaient en sacrifices d'êtres humains, principalement d'enfants. Bien que l'on ait prétendu plus d'une fois mettre en doute ou atténuer la véridicité totale ou partielle des affirmations des écrivains anciens qui ont abordé la question, un fait reste malheureusement certain : celui de l'exécution effective d'une si abominable coutume, à Tyr d'abord, dans ses colonies ensuite. Pour le moment, le fait est parfaitement confirmé pour Carthage où, indépendamment des allusions faites dans différents textes, nous possédons des preuves archéologiques tangibles, valables, aussi probablement pour Gadès, ainsi que nous le verrons plus tard.

Ces sacrifices humains répondaient au mot spécifique, *molk*, dont le sens est devenu clair il y a seulement quelques lustres. Il figure déjà dans les inscriptions qui peuvent être assignées au VIᵉ siècle av. J.-C. Dussaud, cité dans la note suivante et aussi, avec un sens équivalent, dans les textes bibliques, bien qu'interprété comme le nom propre de la déité à laquelle on offrait le *molk*, donnant lieu au nom de Molok ou Moloch provenu d'une erreur de lecture des Massorètes et des Septente. En réalité, les livres bibliques ne nomment pas la divinité à laquelle ils offraient les victimes humaines, mais simplement l'acte du sacrifice, le *mlk*, c'est-à-dire le *molk* [1]).

Effectivement, dans des textes de la Bible qui peuvent remonter au-delà du VIIᵉ siècle, précurseur de l'ère chrétienne, on fait déjà des allusions très directes à de tels rites. De plus, on croit que près de Jérusalem il existait un tophet ou sanctuaire qui servait aux sacrifices d'enfants [2]) se référant également à ces sacrifices dans

---

1) O. Eissfeldt, *Molk als Opferbegriff im Punischen und Hebräischen und das Ende des Gottes Moloch*, dans *Beiträge zur Religionsgeschichte des Altertums*, no 3, Halle, 1935; R. Dussaud, *Précision épigraphique touchant les sacrifices puniques d'enfant* dans *CRAI*, 1946, 371 ss.

2) *II Rois* XXIII, 10; *Jér.*, VII, 31; XIX, 5; *Ex.*, XXII, 29; *Ez.*, XX 26.

les textes qui concordent avec ceux de la Bible [1]). À Carthage cette pratique fut générale et plus prolongée qu'à Tyr. Tandis que l'on croit qu'elle cesse de cela pratiquer dans cette dernière ville vers le VIIe siècle de notre ère [2]).

Nous pouvons donc en inférer qu'il y avait un sacrifice annuel d'enfants réduit peut-être à une seule victime, tout au moins, aux époques les plus récentes. Il est évident aussi que, dans des circonstances très particulières (sièges prolongées, épidémies, calamités publiques, guerres difficiles, etc.), ces immolations se multipliaient et atteignaient des chiffres considérables, comme dans le cas de l'an 310 (siège de Carthage par Agathocle au cours duquel on sacrifia 200 enfants) [3]).

Les temps ont adouci peu à peu cette coutume atroce. Il paraît que l'on accepta d'abord la supplantation d'une victime humaine par une autre achetée à cette intention; ensuite on admit la substitution de l'être humain par un animal, généralement un mouton, que l'on appelait *molkomor*. Les trouvailles archéologiques ont confirmé entièrement la véridicité des traditions antiques sur le *molk* [4]).

Le sacrifice par substitution a dû être fréquent dès le IIIe siècle av. J.-C. Pour ceux qui restèrent attachés à la tradition, le molkomor était un genre de fraude, ce qui explique que, en certaines circonstances graves, on revenait à la sanglante coutume du réel sacrifice humain.

Cette déité, dont le nom n'est pas cité dans la Bible et que les écrivains classiques assimilent à Kronos et à Saturne, portait à

---

1) Cf. Q. Curt., IV, 3, 22.

2) Les textes abondent et nous renvoyons spécialement à l'Etude d'Eissfeldt citée plus haut.

3) Diod., XX, 14,4.

4) L. Poinssot - R. Lantier, *Un sanctuaire de Tanit à Carthage* dans *RHR* 87, 1923; Cf. aussi G.-G. Lapeyre dans *CRAI* 1935, 81 ss et *CRAI* 1963, 275 ss; G.-G. Lapeyre et A. Pellegrin, *Carthage punique*, Paris, 1942, 147 ss; G.-Ch. Picard, *Les religions de l'Afrique antique*, Paris, 1954, 28 ss. Pour le sacrifice par substition le nommé *molkomor* (c'est-à-dire le *molk* d'agneau) voir S. Gsell dans *CRAI* 1931, 21 ss; J. Carcopino, *Aspects mystiques de la Rome païenne*, Paris, 1941, 39 ss; G.-Ch. Picard, *o.c.*, 134 ss et, surtout, Eissfeldt déjà cité, 46 ss et le travail de J. Guey, *Moloch et Molchomor* dans *Mélanges d'Archéologie et d'Histoire*, 54, 1937, 83 ss.

Carthage le nom de Baal-Hammon. À part de nombreuses concomitances textuelles et archéologiques qui nous conduisent, ce rapprochement est justifié aussi par les épigraphes [1]). Du culte rendu au Saturne punique dans la Péninsule Ibérique nous ne possédons que deux témoignages écrits concrets, l'un se rapportant à son temple de Gadès, dont Strabon fait mention expresse (III, 5, 3) προσεχὲς δ'αὐτῇ τελευταῖόν ἐστι τὸ Κρόνιον πρὸς τῇ νησῖδι, l'autre de Polybe qui, énumerant les collines qui entourent la ville: . . . ὁ δὲ τρίτος προσαγορεύεται Κρόνου, fait allusion à celui qu'il eut à Carthago Nova (X, 10, 11), réduit à ce qui est dénommé aujourd'hui Monte Sacro, au nord de la ville [2]). Quant à la situation du Kronion de Cadix, il est probable qu'il occupa l'emplacement de l'actuelle cathédrale, c'est-à-dire le point le plus élevé de la ville.

Il est permis de penser que les noms topiques connus dans l'ancienne géographie du Midi de l'Espagne et mis en relation avec Saturne, puisent leur origine dans la déité punique que nous étudions. Ainsi le Cabo de Palos dont Pline (*NH*, III, 19) dit: *promunturium quod Saturni dicitur*. À côté du *Promunturium Sacrum*, l'actuel Cabo de San Vicente, à la Punta de Sagres, se trouvait un temple consacré à Saturne, selon le périple d'Avienus (*OM*, 215-6). Les monnaies de Malaca nous montrent une tête barbue que l'on doit identifier avec celle de Baal-Hammon, puisque à Malaca on rendait aussi un culte à son *paredros* Tanit, qui figure au revers de certaines monnaies de cette ville, la tête entourée de rayons solaires [3]). À Sexi (Almuñécar), Baelo (Bolonia), Asido (Medina Sidonia) et Ebussus (Ibiza) il est possible aussi de reconnaître le Saturne punique imaginé sous l'aspect d'un taureau et d'un disque solaire orné de rayons [4]). Dans la figure barbue d'une des stèles du Tajo Montero j'ai cru reconnaître le Saturne punique à côté de son *paredros* Dea Caelestis [5]).

À côté de ces témoignages il y en a d'autres qui semblent se

---

1) Cf. A. Merlin, *Le sanctuaire de Baal et de Tanit près de Siagu*, Paris, 1910.
2) Voir mon livre *F. y C.*, 125 ss.
3) Cf. J-M. Solá Solé dans *Sefarad* 16, 1956, 344 ss.
4) Voir Solá Solé, *o.c.*, 346.
5) La pièce est conservée aujourd'hui au Musée Archéologique de Madrid; *BARH* 140, 1957, 102 ss. Ici p. 147.

référer aux rites sanglants que le culte de cette déité exigeait. Ainsi Cicéron (*Pro Balbo*, 43) dit que César, propréteur en l'année 61, abolit à Cadix une certaine coutume vieille et barbare (*in veteram quandam barbariem ex Gaditanorum moribus disciplinaque delerit*) affirmation qui paraît se référer aux sacrifices humains propres au culte rendu à Saturne, probablement pratiqués encore à Cadix, comme ils se pratiquaient à Carthage. Nous ignorons qu'il y avait d'autres coutumes sanglantes analogues. Mais le fait est que quelques années après, en 43, Asinius Pollio, qui avait été lieutenant de César dans l'Ulterior, accusa Balbo (minor) d'atrocités commises par ledit Gaditain dans sa propre ville. Au cours de l'une d'entre elles il enterra dans la boue un certain Fadius, soldat de Pompée et, ensuite, le fit brûler vif (*defodit in ludo et vivum combussit*; Cic., *Ad fam.*, X, 32, 3). Bien que l'inimitié de Pollio envers Balbo et les mensonges qu'il inventa ou exagéra pour porter préjudice à celui-ci nous soient connus, il est possible que le fait soit certain et qu'il ait obéi à des coutumes très anciennes, telle celle qui eut lieu à Carthage et dont A. Gellius nous fait fortuitement le récit: *M. Cato de Carthaginiensibus ita scripsit*: *homines defoderunt in terram dimidiatos ignemque circumposuerunt* (Gell., *NA.*, III, 14). Autre accusation que Pollio lança contre son ennemi Balbus fut celle d'avoir livré aux bêtes féroces du cirque plusieurs citoyens romains (*bestiisque vero cives Romanos . . . obiecit*; Cic., *Ad fam.*, X, 32, 3), entre autres un homme bien connu dans la colonie romaine d'Hispalis (Séville) et cela pour le seul motif d'être laid. Cette dernière affirmation ôte toute valeur à l'accusation de Pollio. La vérité ici, comme dans le cas cité plus haut, doit être en relation avec quelques-uns de ces rites ou sacrifices sanglants en usage parmi les Puniques, ainsi que nous venons de le voir. Les actes du martyre des saintes Perpetua et Felicitas, œuvre d'un contemporain de Tertullien, nous disent qu'au IIIe siècle de l'ère chrétienne la coutume subsistait à Carthage de jeter des condamnés dans l'arène. Leur mort était considérée comme une sorte de sacrifice humain en l'honneur de Saturne, et, dans cet esprit, ils étaient vêtus comme les prêtres de la divinité [1]).

1) Cf. G.-Ch. Picard, *o.c.* 44, 134.

En un lieu près de Carmona (l'ancienne Carmo), on a trouvé
dans la nécropole ibéro-phénicienne d'El Acebuchal, à la fin du
siècle dernier, quatre sépultures par inhumation, attestant par des
signes évidents que lesdits individus furent victimes d'un sacrifice,
selon toute apparence, rituel. Les squelettes apparurent ayant sur
eux, et notamment sur la tête, de grandes pierres. Les crânes
étaient écrasés, les corps contractés et contorsionnés, les mains
sur la figure. Il est évident qu'il s'agit là de cas de mort violente.
Ce qui ne manque pas de nous étonner, c'est que ceux qui étaient
ainsi sacrifiés, devaient appartenir à une classe aisée et qu'ils
devaient vivre, par conséquence, en paix avec la société. En d'autres
termes, il ne s'agissait pas de prisonniers de guerre ou de délinquants.
Preuve évidente de notre assertion: le fait qu'ils ont été sacrifiés
dans des fosses ouvertes avec un soin extrême, l'une d'elles de plan
parfaitement régulier construite en pierre et argile, mais surtout
le fait éloquent qu'ils ont un mobilier funéraire consistant en
peignes et plaquettes de marfil de riche ornementation similaire
à celle des autres objets trouvés dans des sépultures par incinération
situées au même endroit. Ce mobilier funéraire nous permet
d'assigner à ces ensevelissements une date voisine du VIIᵉ ou du
VIᵉ siècle av. J.-C. [1]). Cas semblable, mais de date postérieure, est
celui de la nécropole de Baelo, l'actuelle Bolonia, dans l'extrême
sud de la Péninsule. On a trouvé parmi d'autres sépultures celles
de seize enfants dont les restes étaient soit recouverts de tuiles
planes, soit mis dans des amphores. Outre cela on découvrit quinze
squelettes d'adultes qui, à en juger par la position des ossements,
moururent sans aucun doute de mort violente. La plus grande
partie d'entre eux fait l'effet d'avoir été jeté, la tête la première,
dans une fosse, ou d'avoir été abattus sur le sol. Certains parais-
saient encore assis, d'autres avaient les jambes recroquevillées,
les mains sur la bouche ou sur le ventre. À la différence de ce que
nous avons signalé à Carmo, on n'a trouvé ici aucun objet personnel;
seuls des fragments d'amphores couvraient dans quelques cas les

1) Pour le problème voir Bonsor, *Les colonies agricoles pré-romaines de
la vallée du Bétis* dans *RA*, 1899, II, 126 ss et mon livre *F. y C.*, 221 ss et
fig. 14. Pour la date de ces plaquettes d'ivoire: A. Blanco, *Orientalia II* dans
AEArq., 33, 1960, 3 ss.

crânes de certains squelettes. L'un de ces crânes portait une pro-
fonde ouverture sur le front. Tout nous induit donc à penser que
nous nous trouvons à la fin du IIIe siècle de notre ère; tout au
moins les sépultures normales voisines de celles-ci peuvent être
attribuées à l'époque qui va de Gallien à Quintille, c'est-à-dire
entre 253 et 270 [1]).

Tanit. Le culte rendu à cette déité célèbre jouit d'une grande
réputation parmi les colons phéniciens et carthaginois de la Péninsule. Nous en possédons de nombreux témoignages. Après la
conquête romaine du Nord de l'Afrique et de l'Espagne, cette
divinité s'identifia avec la Juno latine, donnant lieu à la dénommée
Iuno Caelestis qui, malgré tout, n'en conserva pas moins son
caractère purement africain. Comme les témoignages les plus
évidents et le plus nombreux qui s'y rapportent viennent de
l'époque impériale romaine, nous avons cru préférable d'inclure
l'étude de cette numen dans celle que nous réservons aux divinités
orientales vénérées dans la Péninsule à ladite époque. Nous renvoyons donc le lecteur au Chapitre XIII, consacré à Dea Caelestis.

Eshmun. Ce dieu fût identifié, tant par les auteurs grecs que
par leurs collègues latins avec Asklépios-Aesculapius. Il était par
cela même essentiellement un dieu de la santé. Eshmun doit avoir
été adoré à Tyr, bien que, à ce qu'il paraît, il ne fût pas toujours
d'une façon constante. Il est certain qu'il eut son culte à Berytus
et Sidon où il avait un temple. À Carthage, il en eut un aussi sur
la colline de Byrsa. La nature propre et originaire d'Eshmun était
celle du dieu de la végétation; pour cela même on l'assimila à
Adonis et à Tamuz. Comme ces derniers présentaient aussi un
aspect funéraire, et chtonique, en même temps que solaire Eshmun
fut donc un dieu de la mort et de la résurrection.
À son identification avec la déité de la santé gréco-latine, ne
dut pas peu contribuer, conjointement avec sa propre nature, le
fait qu'il exhibait le serpent comme attribut, avec lequel du reste

---

1) L'excavation et la documentation furent faites avec soin par M. Merge-
lina. Voir P. Paris, *Fouilles de Belo*, II, Paris, 1923, 91 ss. Son rapport avec le
rite du *molk* est pure supposition de ma part.

il apparaît déjà sous sa forme phénicienne originaire. Son culte prohibait le port des souliers [1]).

Eshmun arriva aussi en Espagne. Nous savons qu'on lui rendait un culte, au moins à Carthago Nova, où Polybe signala un temple situé sur la plus importante des collines de la ville, dans sa partie orientale (ὧν ὁ μὲν μέγιστος ἀπὸ τῆς ἀναιτολῆς αὐτῇ παράκειται, προτείνων εἰς θάλατταν, ἐφ'οὗ καθίδρυται νεὼς 'Ασκληπιοῦ. Pol., X, 10, 8) [2]). Eshmun apparaît aussi dans un nom théophore de l'inscription la plus récente de la petite lame de bronze de la grotte d'els Cuyram, d'Ibiza, associé au culte de Tanit. On y fait mention d'un certain ʽbdʼšmn ou „domestique d'Eshmun" [3]).

Chusor. Cette divinité porte probablement le nom phénicien du dieu Héphaïstos, cité par Polybe comme déité vénérée à Carthago Nova. En effet, Philon (II, 8, avec l'emendatio χρυσώρ en χουσώρ) identifie clairement l'une et l'autre de ces divinités [4]). Cette déité, dont la nature est difficile à esquisser, doit être identifiée aussi avec les πάταικοι, auxquels se réfère Hérodote (III, 37), disant qu'ils servaient ordinairement à orner les proues des navires phéniciens. Leur aspect s'apparentait à celui de l'Héphaïstos de Memphis, c'est-à-dire à Ptah, que l'on concevait comme un nain à grosse tête, de ventre énorme, avec de grosses fesses et les jambes courtes et arquées. Son apparence était donc à peu près identique à celle de Bes. En passant par le tamis religieux traditionnel phénicien, Ptah dut se confondre avec une divinité que ces derniers appelaient Choussorós, ou, en phénicien, Chusor. Un nom théophorique allusif à cette déité apparaît dans une inscription de Guelma [5]). On y cite un certain Auchusor (pour Abdchusor) = „serviteur de Chusor".

1) Cf. Cagnat-Merlin, *Inscriptions latines d'Afrique*, no 225.
2) En réalité la colline n'était pas à l'est, mais bien plutôt au sud, près de la baie, comme dit Polybe, à l'endroit où se trouve l'actuel „cerro" dénommé Castillo de la Concepción. Polybe, naturellement, cite la divinité par son équivalence grecque, Asclépios. Pour la topographie de Carthago Nova, voir mon livre *F. y C.*, 125.
3) Cf. Solá Solé dans *Sefarad* 16, 1956, 347.
4) Mochos (dans Damascius éd. Ruelle, I, 323) l'appelle 'Ανοιγεύς, „l'ouvrier".
5) *CIL* VIII, 5306.

Dans la Péninsule Ibérique son culte doit avoir été pratiqué de bonne heure. Ses rapports avec la navigation y contribuaient; cependant, nous ne pouvons y constater sa présence qu'au IIIe siècle av. J.-C., quand se fonda Carthago Nova. Dans la fameuse description de cette ville que Polybe nous légua et qu'il fit au cours du dernier tiers du IIe siècle av. J.-C., il cite dans la topographie des lieux un Héphaïsteion élevé sur l'une des collines: καλεῖται δὲ τῶν τριῶν ὁ μὲν πρὸς ἀνατολὰς νεύων Ἡφαίστου [1]).

Sur les monnaies hispano-puniques de Malaca (Málaga), on voit fréquemment une tête avec une barbe, coiffée d'un pylos et portant comme attribut des tenailles [2]). Dans la même série malacitane apparaît le même instrument près d'une tête imberbe coiffée d'un bonnet cylindrique [3]). Il est hors de doute que cette divinité punique, quelle que soit son identité, se convertit en déité tutélaire de Malaca, en son *Deus Patrius*, et qu'à l'époque hispano-romaine à laquelle appartiennent ces monnaies, on la concevait comme un Vulcain ou un Héphaïstos. Il est opportun de rappeler que l'attention de Cicéron (*Nat. deor.*, I, 30, 84) fut attirée par des différences entre ce Vulcain d'Espagne et le romain. Sans doute Cicéron, qu'il le sût ou non, faisait allusion à l'Héphaïstos-Chusor phénicien.

Aresh. Aresh est probablement une divinité assimilable à Mercure et nous devons peut-être l'imaginer dans l'Arès invoqué par Hannibal dans son fameux serment (Pol., VII, 9, 2-3). Tite Live (XXVI, 44, 6) situe à Carthagène une colline à laquelle il donne le nom de Mercure (*tumulum quem Mercuri vocant*) qui s'identifie bien avec le Castillo de los Moros, à l'est de la ville actuelle. Probablement cette colline avait un temple, comme les autres qui portaient des noms de divinités phéniciennes.

---

1) Pol., X, 10, 11. La description de l'auteur, bien qu'en général erronée quant à l'orientation, est, ici, précise et nous permet d'enserrer la colline d'Héphaïstos dans le mont rocheux appelé Despeñaperros, à l'est de Carthagène. Nous ne savons rien d'autre concernant ce sanctuaire. Voyons maintenant quels indices peut nous fournir l'archéologie relativement à d'autres endroits de la Péninsule.

2) *MH*, pls 85, 6-7; 86, 2, 3, 6, 10-15; 87, 1-8, 14.

3) *MH*, pls 85, 1-3, 9, 10, 14; 86, 1, 8.

Reshef. Voir au nom suivant: Arshuf (cf. Klauser dans *RLAntChr.* s.v. *Baal,* no 73).

Arshuf. Cette déité que l'on doit identifier avec le Reshef ou Reshuf phénicien, avait une nature analogue à celle de la foudre, ainsi qu'on peut l'inférer de son étymologie. Il exhibe comme signes allusifs à son pouvoir la hache, la lance et le bouclier, ce qui lui prêtait aussi un caractère guerrier. C'est donc une divinité guerrière et, en ce sens, comparable à l'Arès grec [1]).

Le nom de cette déité a été lu récemment par Solá dans l'inscription la plus ancienne de la plaquette de bronze de la Cueva d'els Cuyram [2]). Le même auteur a cru reconnaître l'image de cette divinité dans certaines figures masculines de terre cuite d'Ibiza et dans quelques sceaux portant des représentations de guerriers armés. La suggestion est digne d'intérêt, bien que pour le moment nous ne partageons pas cette opinion, surtout en ce qui concerne les sceaux.

Pygmalion. Celui-ci répondait à Chypre au nom d'Adonis, appelé aussi Eshmun [3]). Il s'identifia avec le roi de Tyr Pygmalion [4]). Il n'y a aucun témoignage en Espagne d'un culte rendu à cette déité. Mais Philostrate (*V. Apoll. Tyana,* V, 5, 1) mentionne un arbre d'or de ce nom dans le sanctuaire héakléidien de Gadès, un olivier merveilleux, dont les fruits étaient des émeraudes. Le texte de Philostrate donne à entendre que cet arbre était un anathéma, c'est-à-dire un ex-voto consacré dans le sanctuaire même. Il est intéressant de rappeler que l'une des deux colonnes sacrées du temple de Melkart à Tyr était précisément faite de cette pierre

---

1) Cependant, le fait d'être l'arbitre du tonnerre, ce qui impliquait une idée d'éclat et de luminosité, le fit assimiler à Apollon et, comme tel, il est cité dans les inscriptions bilingues de Chypre (*CIS* 89; *RES* 1212-13; *HAAN* IV, 327-8). Dans le serment d'Hannibal Polybe (VII, 9, 2-3) appelle cette divinité (*more graeco*) Apollon. Elle figure dans ledit serment comme membre de la grande triade punique, immédiatement après Zeus et Héra.

2) *Semitica,* 4, 1951-2, 25 ss; *Sefarad* 15, 1955, 45 s; *ibidem* 16, 1956, 330.

3) Selon Hesychios, apud Dussaud dans *Syria* 25, 1946-8, 216.

4) Arnob., *c.Ap.,* I, 125. On a proposé une étymologie Pumaj + helion ou gelion dont le deuxième composant signifierait ,,dieu": Roscher, *Lex. Myth.,* III, 3318, 60 ss; *PWRE* XXIII (2), 2074.

précieuse ¹). Théophraste (*Lap.*, 24) y fait allusion, lui aussi, ainsi que Pline (XXXVII, 75), qui suit Théophraste.

Astarté ²). Son caractère originaire, primitif et principal — qu'elle n'arriva jamais à perdre, malgré des analogies très diverses — fut celui de divinité de la Nature féconde et créatrice. Pour cela elle était une déesse mère. Dans ce sens, il est facile de comprendre ses identifications à travers le temps et l'espace avec divers concepts métroaques ³). L'une des formes de son culte était la prostitution sacrée si, comme il paraît licite, on doit attribuer aussi à Astarté ce que nous savons à propos de quelques-unes de ses équivalences ⁴). Son identification avec la Dea Syria dont traita Lucien paraît donc hors de doute. Elle fut vénérée en Orient, autant en Syrie, Palestine et Egypte qu'à Chypre (Kition, Paphos) et en Crète. En Occident, elle le fut principalement à Erix (Sicile) avec prostitution rituelle et à Carthage. Mais il y a aussi des témoignages dignes de foi à Sicca Veneria (avec prostitution sacrée même au temps d'Auguste, selon Valerius Maximus (II, 6, 15)), et Sardaigne et, comme nous le verrons maintenant, en Espagne. La colombe lui était consacrée comme son animal propre, qui est aussi l'attribut de Tanit-Caelestis, son équivalente. Comme déité de la Nature mère il est possible que la figurine en albâtre de Galera (Grenade), l'ancienne Tutugi, dont nous parlons ailleurs (voir p. 15), soit une image d'Astarté représentée comme nourricière féconde.

Malgré son caractère essentiellement métroaque, Astarté avait un

1) Hérodote, II, 44.
2) La forme syrienne est en réalité Ashtart, d'où la grecque Astarté. Son étymologie n'est pas claire, mais les origines de la divinité nous sont aujourd'hui mieux connues, grâce aux documents parus à Ugarit. Fait rare, ce n'était pas un *Baal*, mais une divinité féminine, une *Balat* de Gebal.
3) Comme p. ex. avec la babylonienne Istar, avec la syrienne Atargatis ou avec la punique Tanit-Caelestis. Pour la même raison, à l'époque hellénistico-romaine, on la considérait comme une sorte d'Aphrodite-Vénus et même de Séléné et d'Europe, celle du rapt de Zeus. Elle fut aussi comparée à Isis, comme on pourrait s'y attendre. Dans deux documents, on nous la présente sous l'aspect de la déité nilotique (litanie isiaque du premier siècle av. J.-C. récemment trouvée, voir *SEG* 8, 1937, 548; Dittenberger, *Syll.*, 3, 1132).
4) Cf. *IReg.*, XIV, 24; XV, 12; XXII, 47; *IIReg.*, XXIII, 7; Hérod., I, 199. Dernièrement H. Herter a exposé le thème en général dans *Die Soziologie der antiken Prostitution* dans *Jahrb. Ant.u.Christ.*, 3, 1960, 70 ss.

aspect tout autre lorsqu'elle était vénérée comme déesse guerrière, comme une Athéna grecque. Sous cet aspect, on la représentait avec un casque. Ce faciès vraiment inattendu chez une divinité de la fécondité telle Astarté à son origine, provient peut-être de l'image que s'en firent aussi les assyro-babyloniens, qui la conçurent comme déesse des batailles [1]).

Il est possible de reconnaître une Astarté-Athéna dans certaines monnaies de Sexi, la colonie punique du sud-est de la Péninsule. Il y apparaît une tête féminine coiffée d'un casque comme une Minerve [2]). D'autre part, une stèle sépulcrale de Baria (Villaricos, Almería), qui fut aussi colonie ou comptoir punique, nous a conservé le nom théophorique d'un certain *gr'štrt*, ,,le protégé''d'Asthart [3]).

Il est tout à fait possible que l'Athéna représentée sur un aureus d'Hadrien, près d'un olivier avec un lapereau à ses pieds, soit l'Astarté-Minerve de Cadix, où nous savons qu'elle avait un temple [4]). Je crois que cette interprétation est préférable à celle d'Allath, divinité syrienne mentionnée dans l'inscription des dieux syriens de Cordoue, dont nous traiterons au chapitre X [5]).

Bes. Bes n'a de parallèle exact avec aucune déité occidentale. C'était une divinité, si on peut l'appeler ainsi, d'origine et d'invocation populaires, native d'Égypte [6]).

1) Fr. Cumont, *RO⁴*, 108 ss; D. Nielsen, *Die altsemitische Muttergöttin* dans *Zeitschr. d. Deutschen Morgenländischen Gesellsch.*, 92, 1938, 504 ss; R. Dussaud, *Astarté, Pontos et Ba'al* dans *CRAI* 1947, 201 ss; *RLAntChr.* s.v. *Astarte* (Nötscher et Klauser, 1950) avec la bibliographie précédente.
2) *MH*, pls 82, 9 et 10; 83, 12 et 13.
3) Cf. Solá dans *Sefarad* 15, 1955, 46 s et 16, 1956, 346 s.
4) *CIL* II, 1724 = Dessau, 5442.
5) Pour la relation avec Allath, voir Strack, *Die Reichsprägung zur Zeit des Hadrian*, Stuttgart, 1931, 85 n. 99 et pl. II.
6) On la représentait comme un nain à tête énorme, portant une barbe, et ayant les oreilles félines, les jambes courtes et arquées, le ventre volumineux, c'est-à-dire sous l'aspect pathologique caractéristique de celui qui souffre de l'achondroplasie. Son apparence se rapprochait donc beaucoup de celle de Ptah, surtout sous la forme qu'il prit en passant d'Égypte en Palestine et en Syrie sous le nom de Chusor (voir p. 9). En remontant plus haut, on pourrait l'assimiler aussi au concept mi-comique, mi-bestial sous lequel les Grecs imaginèrent Silène, leurs satyres et leurs faunes, sans que cela indique nécessairement une relation directe.

Bes nous est connu (hors d'Égypte d'où il était originaire) par une quantité de petites figurines de pierre ou de terre cuite de caractère ouvertement apotropaïque, prophylactique. Pour cela même, il y a lieu de douter qu'il s'agisse là d'une supercherie magico-religieuse voire d'une superstition [1]). Nous ne possédons pas de témoignages écrits qui nous assurent de son culte dans la Péninsule. Son image, par contre, apparaît fréquemment sur les monnaies d'Ibiza, à tel point qu'elle peut être considéré comme son témoignage probant. En effet, la présence fréquente de Bes sur les monnaies de cette dernière ville (*MH*, pl. 80) a permis à M. Solá de soutenir de nouveau une ingénieuse thèse exposée il y a un siècle par l'éminent hébraïsant Judas [2]) et selon laquelle le terme '*ybšm*, par lequel les Puniques désignaient Ibiza (Ebyssos, Ebusus), contenait le nom de Bes (Bis ou Bisu, en Égypte). M. Gsell avait déjà prêté attention à cette suggestion, mais à Solá revient le mérite d'en avoir approfondi le sens. Selon lui [3]) l'étymologie de Ebusus, loin d'être la traditionnelle ,,Île des pins'' (*cf.* Pline, III, 5 : *Insulae . . . Pityussae Graecis dicta a fructice pineo* : *nunc Ebusus vocatur*) repose sur le nom de Bes, signifiant pour cela ,,Île de Bes'', ce qui explique la présence sur ces monnaies de cette divinité mal interprétée auparavant comme les Cabires.

Les figurines de Bes en forme de petites amulettes de pâte vitreuse, ou intailles, qui ont été trouvées en abondance dans les tombes d'Ibiza (Musées de Madrid, Barcelone et Ibiza, principalement) constituent une preuve de ce que nous venons d'avancer, bien qu'il y ait lieu de reconnaître qu'elles existent aussi un peu partout dans le monde punique et en Espagne, dans des lieux tels que Baria (Villaricos, Almería) et Cadix [4]). Peut-être Solá a-t-il

---

1) Représentations apotropaïques étaient celles de ces ,,Pátaikoi'' (voir p. 9) qui ornaient les proues des navires phéniciens, d'après le témoignage d'Hérodote, III, 37 dont la description concorde en tous points avec celle de Bes.

2) *RA*, 16, 1859-60, 647 ss.   3) *Sefarad* 16, 1956, 325 ss.

4) Figurines de Bes : à Ibiza, A. Vives, *Estudios de arqueología cartaginesa. La nécropolis de Ibiza*, Madrid, 1917, pl. 25 n. 20; 27 n. 26; 36 passim n. 37; 45 n. 2; M. Astruc dans *AEArq.*, 30, 1957, 179 ss; idem dans *Mem MA* 15, 1954, 111, pl. 61 n. 2. Pour Cadix : P. Quintero, *La necrópolis anterromana de Cádiz*, Madrid, 1915, pl. 10 fig. 9. Pour Villaricos Siret, *Villaricos y Herrerías* dans *Memorias de la Real Academia de la Historia* 14, 1907, pls 17 et 19.

raison lorsqu'il suggère que les figurines masculines d'aspect si grotesque et si obscène provenant de l'Isla Plana peuvent être de gauches conceptions locales de Bes.

Autres déesses. La rareté des témoignages écrits relatifs aux anciennes croyances religieuses des Phéniciens et des Carthaginois rend extrêmement difficile toute investigation offrant quelque chance de succès quant à leur histoire. De la majorité de leurs nombreuses conceptions il ne nous est parvenu que le nom de quelques déités et, même dans ces cas, très peu de ce qui concerne leur signification intime, leur théologie, les formes externes et internes de leur culte. Cela rend encore plus grande la difficulté d'identifier de façon certaine une quantité croissante d'images religieuses recueillies au hasard des trouvailles archéologiques. En effet, s'il est bien certain que celles-ci nous fournissent des images de culte ou d'ex-voto, on ne peut se hasarder à les identifier avec des déités concrètes connues. Cependant, bien que dans un exposé général comme celui qui nous occupe ici, il ne puisse être question de se livrer à une étude détaillée de chacune d'elles (entre autres raisons, parce qu'on manque de monographies qui apporteraient quelques lueurs); il n'est pas non plus licite d'en faire abstraction sous le simple prétexte que l'on ignore leur nom. Nous devons donc les mentionner, faisant tout au moins allusion aux plus importantes.

Parmi les plus remarquables de ces figures religieuses représentant des déités sans nom connu, nous devons donner la préférence à celle (frontispice) trouvée à Galera (Granada), l'ancienne Tutugi. Elle apparut dans une sépulture par incinération, en même temps que des récipients indigènes d'argile et sans ornement, d'un kylix grec en vernis noir dont nous ne possédons pas d'autres données, de deux petites amphores en pâte vitreuse polychrome et d'une palmette qui appartint à un oinochoe grec en bronze de la fin du VIe siècle av. J.-C. [1]). La figurine en albâtre, exécutée en ronde bosse, mesure environ 20 cm de hauteur. Elle est délicatement travaillée. Elle représente une femme assise dans un fauteuil, flanquée à sa partie inférieure de deux sphinx ailés couronnés de

---

1) Pour la date de ce mobilier funéraire voir mon *HG*, II, 87 n. 6.

hautes tiares. La déesse porte une espèce de chiton à manches courtes avec des plus réguliers et parallèles très fins qui couvrent de leurs stries, de haut en bas, toute la figurine par devant comme par derrière. La tête est coiffée d'un genre de claft égyptien qui ceint le front et tombe sur les côtés jusqu'aux épaules laissant les oreilles à découvert. Les ailes des sphinx, tout autant que leur taille, et la coiffure qu'ils portent, ainsi que la figure principale, rappellent plutôt les goûts mésopotamiens et assyriens, voire même hittites [1]). On voit par là que nous nous trouvons devant l'un de ces produits hybrides si caractéristiques de la production artistique phénicienne. Mais le plus singulier de cette image réside dans la grande terrine qu'elle soutient de ses mains sur les genoux et dans les deux perforations de ses seins, perforations étroitement relationnées avec la grande ouverture (dont la couverture est probablement perdue) de la partie supérieure de la tête et qui la met en communication avec les perforations des seins. Il est hors de doute que la terrine était destinée à recevoir le liquide (sans doute du lait) qui devait émaner des mamelles perforées de la déesse. Ce liquide se versait par l'ouverture de la tête et après avoir rempli le récipient intérieur, sortait par les ouvertures des pectoraux après avoir procédé préablement à la dissolution par la chaleur de la matière plastique, probablement de la cire qui les obstruaient. C'est donc une déesse de la fécondité, peut-être Astarté, pour l'identification de laquelle il ne manque pas de parallèles, bien qu'il soit hasardeux de l'affirmer sans autres preuves.

La date qu'il convient d'attribuer à la statuette est inconnue. On pourrait la supposer du VIe siècle ou d'une époque antérieure. Il semble que l'ensevelissement se soit effectué au IVe siècle, ce qui expliquerait les détériorations que la figurine avait déjà souffertes, lorsqu'elle fut enterrée [2]).

Autre représentation de la même déité, à ce qu'il paraît, bien que d'un art très inférieur, apparut dans l'établissement punique

---

1) Cf. Akurgal, *Die Kunst Anatoliens*, fig. 55.
2) Voir mon livre *F. y C.*, 231 ss; *Historia de España* (éd. Espasa-Calpe) I, 3, Madrid, 1952, 466, fig. 384; *Ars Hispania*, I, Madrid, 1947, 147, fig. 124; P. J. Riis, *La estatuilla de alabastro de Galera* dans *Cuadernos de Historia Primitiva del Hombre* 5, 1950, 113 ss.

de Baria (Villaricos Almería), dans la nécropole ancienne auprès d'une stèle portant une inscription punique et un sphinx ibérique mutilé, mais sans que l'on puisse noter une relation directe entre ces objets. La statuette est en pierre blanche de mauvaise qualité, ce qui explique l'intense corrosion de sa superficie. Il ne semble pas qu'elle eût jamais les seins perforés [1]). En tout cas il est bien évident qu'il s'agit d'une figure féminine assise. Des figures similaires, assises aussi et féminines ont été trouvées dans le sanctuaire de Tanit de la Grotte d'els Cuyram, d'Ibiza [2]).

[1]) Siret, *Villaricos y Herreria* dans *Memorias de la Real Academia de la Historia* 14, 1907, 403, fig. 18. Il ne publia qu'un dessin sommaire et, de plus, sans y ajouter de commentaire susceptible de contribuer à sa compréhension.

[2]) C. Román, *Antigüedades abusitanas*, Barcelona, 1913, pls 51, 52 et 84, cette dernière, sans doute une Tanit ayant une patère à la main droite, une colombe à la main gauche et un haut kalathos.

CHAPITRE II

DIVINITÉS GRÉCO-ORIENTALES

Nous réunirons dans ce bref chapitre ces divinités primitives grecques orientales qui arrivèrent en Espagne apportées directement par les colons asiatiques et dont nous possédons des témoignages dignes de foi, soit par les écrits, soit provenants d'autres sources.

On peut dire que toutes les divinités du panthéon hellénique étaient vénérées parmi les colons grecs établis ici. Les figurines de bronze et de terre cuite trouvées dans la Péninsule et aux Baléares attestent le culte rendu à Déméter, à Koré, à Athéna, à Aphrodite et à beaucoup d'autres de moindre importance (héros et demi-dieux).

Nous savons aussi, grâce à la belle statue d'Asclépios trouvée à Ampurias, que l'on y vénérait avec solennité et éclat, le dieu grec de la santé, au moins dès le IVᵉ siècle av. J.-C. Ces cultes, néanmoins, étaient observés uniquement par la population grecque établie en ce lieu, et nous ne savons pas s'ils revêtirent des aspects nouveaux, ni s'ils exercèrent une influence sensible sur les religions indigènes. De plus, son étude n'intéresserait pas maintenant puisqu'elle déborde le sujet de cet ouvrage.

Artémis éphésia. Cependant, nous devons faire une exception pour Artémis éphésia, ancienne divinité métroaque d'ascendence purement orientale, asiatique. Les textes grecs nous parlent explicitement de la vénération dont elle jouit en Espagne depuis les temps les plus reculés de la colonisation grecque et ils font allusion aussi au culte que lui rendirent les Ibères. Artémis éphésia fut la divinité officielle de toutes les colonies ioniques asiatiques. Pour cela même, elle le fut aussi de Phokaia, ce qui porta le culte de cette singulière déité jusqu'à l'extrême Occident. La narration qui nous instruit de la façon dont les Phocéens transportèrent leur déesse dans les colonies qu'ils avaient fondées dans la Méditerranée occidentale est significative: ,,Dans toutes les villes fondées (par

Massilia) — dit Strabon IV, 1, 4 — on rendit les plus grands honneurs à la même déesse (il se réfère à Artémis éphésia) s'en tenant à la disposition du xoanon et, pour les autres rites propres, à ce qui se faisait dans la métropole". Et un peu plus loin (IV, 1, 5) il reprend: ,,Ils employèrent (les Massaliotes) leurs forces militaires à créer des villes destinées à servir de barrière du côté de l'Ibérie contre les Ibères auxquels ils inculquèrent les rites de leur culte national rendu à Artémis éphésia et qu'ils interprétèrent à la manière des Hellènes".

Nous voici donc devant le culte d'Artémis implanté déjà vers l'année 600 av. J.-C. dans les colonies phocéennes d'Espagne. S'il fut aussi commun aux Ibères ainsi qu'il se dégage du texte de Strabon, nous devons penser seulement aux Ibères de la côte qu'ils colonisèrent, c'est-à-dire de l'Espagne orientale, depuis *Rhode* (l'actuelle Rosas) et *Emporion* (actuellement Ampurias) jusqu'à *Hemeroskopeion* (près de Denia) et *Mainake* (à l'est de Málaga). Pour ces colonies il y a des témoignages directs. Strabon (III, 4, 8) lui-même parlant de *Rhode* et d'*Emporion* dit textuellement... κἀνταῦθα [*scil.* 'Ρόδη] δὲ καὶ ἐν τῷ 'Εμπορίῳ τὴν "Αρτεμιν τὴν Εφεσίαν τιμῶσιν [1]). Le géographe grec est plus explicite encore lorsqu'il parle d'*Hemeroskopeion* [2]) dont il dit (III, 4, 6): ,,Il y a sur le promontoire un sanctuaire très vénéré consacré à Artémis éphésia" [3]). Du culte à Artémis parmi les indigènes de la côte nous donne témoignage l'Artemision de Sagonte cité par Pline (*N.H.* 16, 216) comme existe à la fin du IIIe-siecle avant J. C. Elle a été

---

[1]) Voir mon livre *HG*, I, 60, 166; II, 55 ss; pour Rhode: I, 165 ss; pour Emporion: II, 5 ss.

[2]) Quant à ses origines rhodiennes voir mon livre cité plus haut I, 130 ss; II, 16 ss.

[3]) ἔχον ἐπὶ τῇ ἄκρᾳ τῆς Ἐφεσίας Ἀρτέμιδος ἱερὸν σφόδρα τιμώμενον. *Hemeroskopeion* coïncide avec l'antique cité ibérique *Diniu* que les Latins, par pure homophonie, appelèrent *Dianium*, poussés par la relation Artémis-Diana. Cette confusion très compréhensible fit que Strabon crut qu'elle portait deux noms: καλεῖται δὲ [καὶ] Διάνιον, οἷον Ἀρτεμίσιον s'appuyant peut-être sur le fait qu'il avait déjà cité l'Artémision. En réalité, *Hemeroskopeion* devait être situé près de la ville indigène de *Diniu* (*Dianium*, d'où l'actuelle Denia) comme *Emporion* se fonda près d'*Indike* et *Mainake* près de *Mainoba*.

identifiée récemment avec le colossal sous-basement mégalithique situé au pied de l'acropole de Sagont [1]).

Pothnia Theron. De cette déité universelle asiatique nous ne possédons en Espagne que la terre cuite d'aspect étrusque trouvée à *Italica.* On peut lui attribuer une date voisine de 100 av. J.-C. Elle répond au type couramment employé dans la décoration des ante-fixes étrusco-aziales. Pour cela même elle ne constitue pas un document qui fasse autorité quant à son culte [2]).

1) Voyez mon Travail *Das Artemision von Sagunt* dans *Madrider Mitteilungen* 4, 1963, 87 ss et des *addenda* qui seront publiés dans la même Revue.

2) Cf. mon livre *Esc.Rom.*, no 393; J. M. Blázquez dans *AEArq.* 26, 1953, 263 ss et dernièrement mon livre *Colonia Aelia Augusta Italica*, Madrid, 1960, 151 no 15. La pièce est conservée dans la collection de la Comtesse de Lebrija, à Séville.

CHAPITRE III

MITHRA

Parmi les grandes croyances orientales pratiquées en Espagne pendant l'Antiquité, celle de Mithra est moins bien représentée, ou plus exactement, a une moindre densité de témoignages que les autres. Ceux relatifs à Isis, à la Magna Mater et même aux *baalim* orientaux, dépassent ceux qui se rapportent à Mithra. C'est un fait déjà remarqué par Cumont, qui pouvait dire avec raison en 1899 que l'Espagne était ,,le pays d'Occident le plus pauvre en monuments mithriaques'' [1]. En effet, même aujourd'hui, plus de soixante ans après, et malgré les trouvailles fortuites et les fouilles qui ont permis d'ajouter quelques monuments de plus à la liste précaire du *CIL* et bon nombre de témoignages de grande importance à la sculpture, il n'y a pas lieu de modifier ce jugement (fig. 1). Et cela s'explique facilement, car la propagation du culte rendu à cette divinité mazdéiste fut intimement liée au mouvement et à la dislocation des légions, — et l'Hispanie vécut, à l'époque impériale, dans un isolement presque total du reste de l'Empire, quant au trafic intense de troupes nécessaire pour maintenir un front sur pied de guerre constant. L'Hispanie du IIe et IIIe siècles vécut d'une existence en général pacifique, troublée seulement par quelques événements isolés, tels que l'invasion des Maures dans la seconde moitié du IIe siècle, ou celle des Francs et Alamans au milieu du siècle suivant. L'Hispanie n'avait donc pas besoin de forces d'occupation ni de garnisons nombreuses, et elle ne se trouvait pas non plus aux carrefours qui conduisaient aux fronts de bataille de l'Europe ou de l'Orient. Cela explique l'évidente rareté de monuments mithriaques dans la Péninsule, et ne permet pas d'espérer que le temps, les fouilles ou les découvertes dues au hasard puissent modifier substantiellement cette pénurie ni cette opinion. Cependant, il faut souligner que les éléments de

[1] *MMM* I, 260.

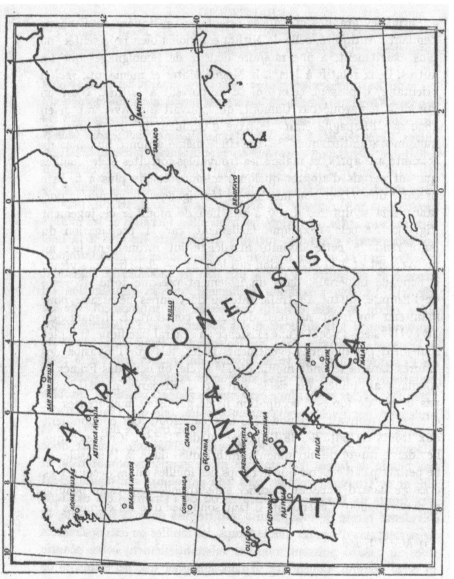

Fig. 1. Lieux connus du culte de Mithras dans la Péninsule Ibérique.
Les noms soulignés sont actuels.

jugement dont nous disposons aujourd'hui — et dont quelques-uns sont de premier ordre — sont bien plus nombreux que ceux qu'a pu employer, il y a un demi-siècle, le très méritant Cumont dans son fameux ouvrage. Qu'il suffise de rappeler les sculptures de Mérida, le relief de Setubal, la statue de Cabra, l'autel et la plaque en relief d'*Italica*, etc.

Ces témoignages, bien que relativement modestes, ne s'éloignent pas cependant des lignes générales, et semblent relever (comme on pourrait s'y attendre) des importations dues à ces soldats mêmes qui, pour des raisons diverses, retournaient en Espagne, d'où ils étaient sortis, ou venaient s'établir ici déjà licenciés de l'une des légions ou des corps auxiliaires qui servaient à l'étranger. Dans la fondation du Mithréum d'Emerita Augusta, dut prendre une part très importante un militaire, un certain M. Valerius Secundus, *frumentarius legionis VII Geminae*, qui consacra une pierre avec inscription solennelle en l'honneur de Mithra en l'an 155 de notre ère (Cf. *supra* no 1). Et le fait que l'on trouve un centre épigraphique mithriaque dans les zones les moins romanisées et, par conséquent, les plus dignes d'attention de la part des autorités de l'Empire — au N.-O. et à l'O. (Gallaecia, Asturiae, Lusitania) —, c'est-à-dire, dans les lieux où, pendant longtemps, bien qu'en proportion moindre que dans le *limes*, il y eut des troupes romaines de sécurité et de police, témoigne de façon bien évidente du rôle de diffusion qu'une fois de plus jouèrent ici les soldats. Dans ce qui est aujourd'-hui la ville de Léon, était placé pendant tout l'Empire une légion, la *VII Gemina*, assistée de ses corps auxiliaires formés en partie par des éléments peu romanisés [1]). Par opposition à ce que nous venons de dire, il convient de souligner que les autres régions de l'Espagne, spécialement la Baetica et la Tarraconensis orientale et maritime, zones profondément romanisées et par conséquent libres de troupes d'occupation, n'ont pas donné des signes aussi vivants de l'existence de ce culte perse. Il est intéressant de mettre

---

1) Sur la *legio VII Gemina*, voir, outre l'article de Ritterling dans *PWRE*, notre ouvrage *La Legio VII Gemina Pia Felix y los orígenes de la ciudad de León* dans *BRAH* 127, 1950, 449 ss et sur les unités auxiliaires de cette même légion, notre étude *El exercitus Hispanicus desde Augusto a Vespasiano* dans *AEArq.*, 34, 1961, 114 ss spécialement le chapitre intitulé *Las unidades auxiliares en Hispania durante el Imperio*, 133 ss.

en relief le fait que d'autres cultes orientaux, dont les propagateurs furent principalement des commerçants, des marins ou des esclaves, eurent au contraire une diffusion proportionnellement plus grande ici que là, au N.-O. de la Péninsule.

Sur toutes les inscriptions d'Espagne que nous connaissons, Mithra apparaît avec l'épithète *invictus*; une fois (no 3) seulement comme *invictus*, sans autre précision, donnant ainsi à l'épithète une valeur de nom. Le plus souvent il se présente comme *deus invictus* ou *invictus deus* (nos 2, 5, 6, 7, 15, 26 et 30). *Invictus Mithra* se trouve sur cinq inscriptions (nos 1, 2, 21 et 23). Comme *Augustus* il apparaît seulement une fois (no 26). Cette épithète est très rarement adressée à Mithra. Si l'inscription de *Capera* (no 17) est réellement mithriaque, nous l'aurions une deuxième fois dans la Péninsule. Nous ne connaissons aucune inscription en Hispanie qui le présente comme Soleil, car celles qui comportent ce terme ne sont dans aucun cas incontestablement mithriaques. Si celles des nos 16 et 17 sont consacrées à Mithra, nous aurions deux exemplaires de plus à ajouter sur la liste de cette *epiklesis* pour Mithra. Comme *Deus* il apparaît sept fois, combiné chaque fois avec l'adjectif *invictus* (nos 2, 5, 6, 7, 15, 26 et 30). Comme *Cautes* il est seulement mentionné sur les inscriptions nos 14 et 27. Il n'y en a aucune en Hispanie qui le présente sous la forme de *petra genetrix*, faisant allusion à sa naissance. Mais sur une inscription d'Emerita (no 1) il figure comme *ara genesis invicti Mithrae*.

Quant aux formules rituelles, nous en connaissons deux: le *spondium*(?) de la pierre de Pax Iulia (no 15) et les vers réitératifs de San Juan de Isla (no 26), dans lesquels on devine une sorte d'oraison.

Les objets du culte mentionné sont les suivants: cratère et trépied(?) sur l'inscription de Pax Iulia (no 15).

Parmi les inscriptions inspirées par un intérêt déterminé nous ne connaissons que les ex-voto *pro salute*, d'Emerita Augusta (nos 6 et 7). Celle de Lisbonne (no 19) *pro aeternitate Imperii et salute Imperatoris*, n'est pas une inscription clairement mithriaque. Des *ex visu* ou *ex iussu*, ou similaires, nous n'en connaissons aucun.

Sur la corporation sacerdotale il y a les mentions suivantes:

Pater, qui devient par la suite *Pater Patrum*, dans la personne de Gaius Accius Hedychrus du Mithréum d'*Emerita Augusta*, au milieu du IIe siècle (nos 1 à 4). Il y a un autre *Pater Patrum* (*Patratum*, dit le texte no 26) sur l'inscription de San Juan de Isla. À la suite l'on trouve, sur la même pierre, le mot *leone*(*m* ?). *Leo* est l'un des degrés intermédiaires du sacerdoce de Mithra. Mais nous n'y voyons pas sa connexion avec le texte. Sur un *Magister*, dont le nom est (sans *praenomen*) Messius Artemidorus, nous sommes renseignés par l'inscription de *Pax Iulia* (no 15). Il était *Magister* du *Sodalicium bracarorum*. *P*(*ater*) était, semble-t-il, Tiberius Claudius Artemidorus, de l'inscription d'Avalos, près d'*Emerita* (no 14), si l'on ne préfère pas lire *p*(*osuit*).

De *collegia* il n'y a qu'une mention, celle du *Sodalicium* de *Bracara Augusta* sur l'inscription de *Pax Iulia* (no 15).

Nous ne savons pas à quel moment s'est introduit le mithracisme en Hispanie. On en trouve la première indication sûre à *Emerita Augusta*, où au milieu du IIe siècle de notre ère il y avait déjà un sanctuaire important avec des sculptures de caractère purement mithriaque et d'autres divinités officielles de l'Empire, à côté d'autres divinités étrangères comme Sérapis et peut-être aussi Isis. Nous n'avons pas le moindre renseignement sur la fin de ce culte, mais il n'est pas trop hasardé d'affirmer qu'il dut subir les mêmes péripéties qu'au dehors de l'Hispanie, et disparaître au cours du IVe siècle.

Le mithracisme se développa en Hispanie, à en juger d'après les documents dont on dispose, dans une atmosphère sociale qui l'amenait à recruter ses adeptes parmi la classe moyenne. Les deux pierres de Lisbonne (nos 18 et 19) nous présentent un personnage de l'ordre sénatorial, mais il n'est pas certain que ce soient des documents mithriaques. Il en est de même pour l'inscription d'*Asturica Augusta* (no 25). Ces exceptions rendent très douteux le caractère mithriaque de ces pierres. Nous connaissons deux militaires: Marcus Valerius Secundus *frumentarius* de la *Legio VII*, qui consacre une pierre votive à Mithra dans *Emerita Augusta*, au milieu du IIe siècle (no 1), et un certain Quintus, originaire de *Conimbriga*, serf (?) d'une centurie flavienne inconnue (no 7). D'origine servile devaient être Gaius Accius Hedychrus, grand

dignitaire sacerdotal du Mithréum d'*Emerita* au milieu du IIe
siècle (nos 1 à 4), Tiberius Claudius Artemidorus, peut-être *Pater*
(no 14), et Messius Artemidorus, qui était de *Pax Iulia* (no 15),
mais *Magister* du *Sodalicium* de *Bracara Augusta*. Esclave était
Lucanus, qui s'appelle *servus* sur l'inscription de Benifayó (no 23).

PROVINCE DE LUSITANIE

EMERITA AUGUSTA (Mérida)

EMERITA AUGUSTA (Mérida) Dans une éminence près de la cité
romaine, extra-muros de celle-ci, aujourd'hui appelée Saint Albin,
on découvrit en 1902 une série de monuments mithriaques d'extrême
importance. En 1913 on en trouva encore d'autres. Mais les recherches faites exprès pour retrouver d'autres restes du Mithréum
n'aboutirent pas. On put seulement ramasser quelques morceaux de
murs, couverts d'un enduit en noir et rouge, avec de légers ornements
et guirlandes. Il semble que les statues et les inscriptions y soient
transportées après un incendie. Le Mithréum de Mérida dut attein-
dre son plus haut degré d'activité vers la moitié du IIe siècle, selon
ce qui se dégage aussi bien des inscriptions que des statues trouvées
à cet endroit. Celles-ci montrent, non seulement des figures propres
à la religion mazdéiste, mais aussi à la religion officielle romaine
et à d'autres cultes orientaux, tels que celui de Sérapis [1]).
Nous allons traiter d'abord des inscriptions, puis des statues.

---

1) Voici la bibliographie relative à cette découverte, la plus importante
de ce genre dans toute la Péninsule: le Marquis de Monsalud dans *BRAH* 43,
1903, 242 ss; ibid. 45, 1904; R. Cagnat dans *Bulletin Hispanique*, 6, 1904,
347 ss et dans *CRAI* 1904, 573 ss; le Marquis de Figueroa dans *Boletin de la
Sociedad Española de Excursiones*, 13, 1905, 27 ss; Fr. Cumont dans *CRAI*
1905, 148 ss; M. Gómez-Moreno et J. Pijoán, *Materiales de Arqueología
Española*, Madrid, 1912, nos 15, 24, 27, 36, 37; C. H. Moore, *Studies in the
History of Religions to Crawford Howell Toy*, New York, 1912, 47 ss; M.
Macías, *Mérida Monumental y Artística*, Mérida, 1913 (2e éd. de 1929);
Leite de Vasconcelos, *RL* III, 1913, 348 ss; J.-R. Mélida, *Cultos emeritenses
de Serapis y Mithras* dans *BRAH* 64, 1914, 439 ss; P. Paris, *Le Mithraeum*

Inscriptions

Nous donnons ci-après toutes les inscriptions trouvées dans la zone du Mithréum d'*Emerita Augusta* [1]). Nous y joindrons aussi les inscriptions qui se trouvent sur les sculptures.

1. Autel de marbre blanc de 0,82 m. de haut sur 0,40 de large et 0,20 d'épaisseur. Des deux côtés, une patère et un praefericulum en relief. Musée de Mérida, inventaire 188. Elle dit : *Ann(o) Col(oniae) CLXXX | aram genesis | Invicti Mithrae | M(arcus) Val(erius) Secundus | fr(umentarius) leg(ionis) VII Gem(inae) dono | ponendam merito curavit | G(aio) Accio Hedychro patre.*

Cagnat lisait sur la ligne 5 *pr(inceps)*. Mais Monsalud avait déjà lu, d'une façon plus correcte et plus en rapport avec le service de Secundus dans la *Legio VII, fr(umentarius)*. L'année 180 de la colonie correspond à l'an 155 de notre ère, puisque *Emerita* fut fondée en l'an 25 av. J.-C. Gaius Accius Hedychrus était *Pater* cette année-là. Mais ensuite nous le voyons de nouveau (inscription no 4) élevé déjà à la plus haute catégorie sacerdotale mithriaque, celle de *Pater Patrum*. *Ara genesis* est une allusion directe à la *petra genetrix* d'où Mithra est sorti. La formule est neuve et assez curieuse. En elle l'autel ex-voto s'identifie avec la pierre miraculeuse.

2. Sur la carapace de la tortue de la statue d'Hermès assis [2]) (Pl. I) on lit : *Ann(o) Col(oniae) CLXXX | invicto deo Mithrae | sacr(um) | C(aius) Accius Hedychrus | Pater | a(nimo) l(ibens)*

---

de *Mérida* dans *RA* 24, 1914, II, 1 ss; idem, *Promenades archéologiques* dans *Bulletin Hispanique* 16, 1914; R. Lantier, *Inventaire des monum. sculpt. préchrét. de la Péninsule Ibérique*; *CMBadajoz*, pp. 129, 204, 206, 300 à 312; *Bilderatlas zur Religionsgeschichte*, Heft 15, J. Leipoldt, *Die Religion des Mithra*, Leipzig, 1930, fig. 25, 28 et 42; J.-R. Mélida, *Historia de España* (éd. Espasa-Calpe) II (Madrid, 1935, ouvrage réimprimé, avec un appendice de notre main, en 1955); A. García y Bellido, *El culto a Mithras en la Peninsula Ibérica* dans *BRAH* 122, 1948, 313 ss; idem, *Esc.Rom.* nos 66, 108, 116, 118-122, 147, 184, 191; *CIMRM* I, 772 ss.

1) Elles ont été publiées à plusieurs reprises, et parfois non sans erreurs. Nous donnons la version la plus récente, d'après notre propre examen visuel. Elles ont déjà été données dans leur totalité dans notre étude du *BRAH*, et puis par Vermaseren. Celles publiées par le Marquis de Monsalud furent revisées par J. Mallon et T. Marin, *Scripturae*, II, Madrid, 1951, nos 212, 213, 214 et 235.

2) A. García y Bellido, *Esc.Rom.*, no 66 = *CIMRM* I, fig. 213.

p(osuit). La date est celle de la précédente. Le personnage est le même.

3. Sur la plinthe de la statue du *dadophoros* [1]) on lit: *Invicto sacrum C(aius) Avitus Acci(o) Hedychro Pater*, et à la seconde ligne, à gauche de la signature du sculpteur: Δημήτριος ἐποίει. Le fait que cette inscription cite Hedychrus lorsqu'il était encore *Pater*, permet de la supposer contemporaine des nos 1 et 2. Démétrios est l'un des nombreux sculpteurs grecs ambulants [2]).

4. Inscription sur la cuisse de la figure océanique de notre no 12. Elle dit: *G(aius) Acc(ius) Hedychrus | P(ater) Patrum*. C'est le personnage des inscriptions précédentes. Ce monument doit être, par conséquent, postérieur à l'année 155, puisqu'ici il est chargé d'un ministère de catégorie supérieure à celui de l'inscription précédente.

5. Autel en marbre blanc (hauteur 0,27 m., largeur 0,13 m., Musée de Mérida, Inv. no 156). Elle dit: *Deo | Invicto | C(aius) Camilius | Superat | a(nimo) l(ibens) p(osuit)*. Ligne 3e *Superat(us ?)* comme *cognomen*? Cf. ici no 31.

6. Autel en marbre blanc, de 0,16 m. de haut sur 0,11 de large (Musée de Mérida, Inv. no 156). Elle dit: *Deo | Invicto | pro salute | Gai Iuli | [...]*. Ligne 4e pourrait être aussi *Galiu...*

7. Autel en marbre blanc (hauteur 0,22 m., largeur 0,13, épaisseur 0,05 m.). On ignore sa destination actuelle. L'inscription [3]) est conçue comme suit: *Invicto Deo | Quinti C(enturiae) Flavi | Baetici Conim|brig(ensis) ser(vi) | pro sa(lute) Coutii Lupi*.

Monuments sculptés

Nous excluons les monuments qui ne sont pas spécifiquement

1) A. García y Bellido, *EscRom.*, no 120 = *CIMRM* I, fig. 208.
2) Démétrios: S. Ferri dans *Scriti in onore di Bartolomeo Nogara*, Cité du Vatican, 1937, 160; A. García y Bellido, *Esc.Rom.*, 120 ss, no 120; G. M. A. Richter, *Three critical Periods in Greek Sculpture*, Oxford, 1951, fig. 139.
3) Pour cette inscription, consulter *Scripturae*, II, no 214.

mithriaques [1]). En revanche nous incluons ceux qui, n'étant pas spécifiquement mithriaques, portent des inscriptions clairement allusives au culte de Mithra dans le sanctuaire dont nous traitons [2]).

8. Chronos mithriaque Léontocéphale (Pl. II)

Marbre blanc, 0.90 m de hauteur. Trouvé en 1902 au Cerro de San Albin, comme les autres sculptures. En 1913 on découvrit un autre morceau de la même sculpture. Mérida, Musée, Inventaire 87. Torse nu. Culotte couvrant les jambes. *Cingulum* retenant la culotte à la taille. Ce personnage mithriaque portait une tête de lion dont la moitié inférieure subsiste encore. Un serpent, dont la tête devait se montrer au-dessus de celle du lion, entoure le corps. Sur le dos on voit le commencement des deux ailes. Les bras, séparés du tronc, devaient offrir dans leurs mains, l'un la clef du ciel, — l'autre le tonnerre ou le sceptre. Cette œuvre est sculptée avec art, et date probablement de la seconde moitié du IIe siècle de notre ère.

9. Chronos mithriaque (Pl. III)

Marbre fin, non poli; haut de 1,67 m. avec la plinthe. Statue trouvée avec la précédente en 1902. La tête parut en 1913 (Musée de Mérida, Inv. no 86). C'est l'image d'Aion ou Chronos, personnification du Temps Infini. Il se présente dans une attitude rigide, debout, le tronc droit, les jambes jointes et les bras ouverts en compas. La tête, imberbe et juvénile — bien droite et ferme —, de face, comme regardant l'éternel infini. Une abondante chevelure encadre le visage, retombant sur le cou et jusqu'au commencement des épaules. Sur sa poitrine, se détache la tête symbolique du lion, en relief, non comme une pièce postiche, mais comme née de sa propre chair. Le corps est entouré cinq fois du serpent symbolique de l'écliptique. La tête du reptile venait s'appuyer sur celle du dieu. Celle-ci devait être couronnée de rayons de bronze insérés dans les

---

1) Ceux-ci peuvent être consultés dans nos *Esc.Rom.*, nos 116 (tête de Sérapis, ici p. 13 no 10 Pl. XVI) 121 (figure nue avec épée, debout, en héros), 147 (Vénus avec l'Amour à ses pieds), 184 (figure féminine, debout, de caractère isiaque) et 191 (Esculape?, debout).

2) Pour l'ensemble de ces figures on se reportera à J. R. Mélida, dans son article du *BRAH*, à notre article dans le même bulletin, et au recueil de Vermaseren, sans parler de nos *Esc.Rom.* Tous ont été cités au début de ce chapitre.

orifices visibles entre les cheveux, autour du front. Sa ressemblance au soleil, idée qu'il représente également, est renforcée par la chevelure et le ruban qui ceint son front. À côté de la jambe gauche l'on voit la tête d'un bouc, attribut peu courant dans les images de Chronos. Les ailes caractéristiques de cette conception mithriaque manquent, étant depuis longtemps perdues (les cavités pour leur insertion au dos subsistent) [1]. Les bras étaient des pièces détachées. Il ne reste que le bras gauche presque en entier et un morceau du bras droit. La figure est bonne, si l'on considère la norme usuelle de ce genre de sculptures. Le protomé de lion, sur la poitrine, est une forme très rare. Jusqu'à présent nous ne connaissons qu'un seul cas pareil, celui du bas-relief de Modène [1]. Cette sculpture semble être une œuvre contemporaine de la précédente.

10. Dadophore

Marbre blanc (hauteur (avec plinthe) 1,54 m.). Trouvée au Cerro de San Albin, en 1913 (Mérida, Musée, Inv. no 581), cette statue se présente debout, la jambe droite un peu en avant. Elle est habillée d'une tunique courte à manches. Deux grands plis, l'un sous les pectoraux, l'autre sur les hanches, soulignent par leur horizontalité les trois parties dans lesquelles est divisé d'habitude ce vêtement caractéristique. Un manteau ample, retenu à l'épaule par une fibule ronde, couvre le dos et tombe jusqu'aux chevilles, après avoir croisé la poitrine. Les jambes revêtent le pantalon serré perse. Les pieds sont chaussés de brodequins. L'appui qui soutient la statue simule un tronc d'arbre, comme c'est l'habitude, mais il a un dauphin adhérant à lui, avec la queue en haut et la tête en bas. Le dauphin apparaît également: à Mérida dans la figure couchée de l'Océan (ici no 12); dans celle qui représente Cautopates, trouvée à Rusicade en Numidie [2]; dans le piédestal de Klausenburg, où il est associé au trident poséidonique [3] et dans d'autres monuments [4]. D'autre part les parallèles de cette figure sont extrêmement nombreux en reliefs, et plus rares en statues détachées. Elle est bien sculptée. Au piédestal elle contient l'in-

1) *CIMRM* I, no 695 et fig. 197.
2) *MMM* II, no 284c et fig. 332; *CIMRM* I, nos 123-124.
3) *CIMRM* II, no 1942 et fig. 506.
4) Cf. commentaire au no 12.

scription déjà recueillie au no 3. Soulignons la signature du sculpteur, le Grec Démétrios (sur elle, voir la bibliographie donnée à propos de l'inscription). Cette œuvre est, à coup sûr, du milieu du IIe siècle apr. J.-C., car le *Pater* Hedychrus y est mentionné, et nous l'avons vu cité sur d'autres inscriptions datées de l'année 155 (inscriptions 1 et 2).

11. Statue masculine mithriaque (Pl. IV)

Marbre blanc (hauteur 1,20 m., avec la plinthe). Trouvée en 1913 comme la précédente (Mérida, Musée, Inv. no 577). Jeune homme nu, debout, légèrement appuyé sur la jambe droite. La tête, entourée d'une courte chevelure, est légèrement tournée vers la droite. Les cheveux surgissent sur le front en boucles flammées comme les portent souvent les divinités de la lumière. Les yeux ont les prunelles marquées. L'iris est placé immédiatement au-dessous de la paupière supérieure, donnant ainsi au regard — vague, mi-clos, lointain, replié sur soi-même — cette mélancolie rêveuse si caractéristique des têtes de la fin du IIe siècle et du début du siècle suivant, date qui conviendrait bien à notre figure. Une partie de la poitrine et de l'épaule gauche sont couvertes par le manteau (ou chlamyde) agrafé sur l'épaule droite et retombant au dos jusqu'au-dessous des jarrets. Le bras gauche était levé soutenant une torche; il manque dès son point de départ à l'épaule, mais il y a un fragment détaché de l'avant-bras et de la main gauche qui brandit cette torche. La statue est en bon état de conservation. Elle s'inspire, bien qu'indirectement, des modèles en bronze du IVe siècle grec. Sa transposition en marbre obligea le sculpteur à faire adhérer le tronc d'arbre conventionnel à la jambe droite, — et près de lui on voit, sculptée d'une façon sommaire et négligente, la figure minuscule d'un lion assis. Ceci renforce l'idée que nous nous trouvons devant une figure du cycle de Mithra, quoique nous n'osions pas lui attribuer un nom concret.

12. Océanus

Marbre blanc. Longueur 1,95 m.; hauteur 0,72 m. Trouvée avec les statues précédentes en 1902. Mérida, Musée, Inventaire 85. Elle représente une figure masculine couchée dans l'attitude courante, caractéristique des divinités fluviales ou maritimes.

Manque la tête, qui probablement avait une longue barbe à la manière de Zeus, et le bras droit est levé en soutenant une grande corne d'abondance dont on voit la pointe finale adhérant encore aux plis du manteau, sur la région inguinale. À la main gauche l'on voit les restes d'un dauphin avec la tête tournée vers la main, dont un des doigts était introduit dans la bouche du poisson. La figure est couchée sur un lit de fluides ondes aquatiques. Sur la cuisse elle porte l'inscription dont nous avons traité plus haut, au no 4. La figure est de dimensions beaucoup plus grandes que nature, et elle est conçue selon la formule courante à l'époque hellénistico-romaine, comme nous l'avons déjà indiqué. Elle était destinée à être vue strictement de front, comme le montrent (abstraction faite de sa conception générale) son aplatissement et les négligences dans la sculpture du dos. On sait que dans le culte de Mithra l'eau joue un rôle essentiel, et la présence d'Océanus n'est pas rare. Dans le Mithréum d'Oberwinter, près de Remagen, figurait une divinité aquatique, barbue, couchée comme notre figure et avec un dauphin [1]). Il en est de même pour les fragments de reliefs de Klagenfurt [2]), et pour celui qui se trouvait à Wallbrook, Londres [3]) Océanus est également cité sur l'inscription de Heddernheim [4]), et il était représenté dans la fresque de Capoue [5]), et dans celle des Bains de Trajan [6]). Le dauphin et le trident figurent ensemble dans la pierre en manière de piédestal qui se trouve à Klausenburg [7]). Que notre figure représente Océanus et non pas la rivière Anas — dont le flot, il est vrai, coule au pied de San Albin —, cela est attesté par la présence du dauphin, qui est un animal exclusivement marin. La date de cette statue doit être postérieure à l'année 155, donnée par les inscriptions étudiées

1) *MMM* II, 426, fig. 360.   2) *CIMRM* II, no 1430 et fig. 366.
3) *CIMRM* I, no 831 et fig. 220; J. M. C. Toynbee, *Art in Roman Britain*, London, 1962, no 29 et fig. 35.
4) *CIMRM* II, no 1127 et fig. 293.
5) *CIMRM* I, no 181 et fig. 52.
6) *CIMRM* I, no 337 et fig. 94; voyez aussi *CIMRM* I-II indices *s.v.* Océan; watergod. Très importante est la statue en stuc du Mithréum de Ste Prisque sur l'Aventin: *CIMRM* I, no 478 et fig. 131; *CIMRM* II add.; M. J. Vermaseren-C. C. van Essen, *The Excavations in the Mithraeum of the Church of Sa Prisca on the Aventine*, Leiden 1965, Pls XVIII, 1 et XIX.
7) *CIMRM* II, no 1942 et fig. 506.

plus haut (nos 1 et 2), puisque Gaius Accius Hedychrus était alors
Pater et que maintenant il figure ici comme *Pater Patrum*, c'est-
à-dire avec le plus haut degré du sacerdoce mithriaque.

13. Mercure (Pl. I)

Marbre blanc (hauteur 1,51 m.). Découverte, comme toutes
celles de ce Mithréum, au Cerro de San Albin, en 1913. En 1902
on avait déjà trouvé, avec d'autres figures du même sanctuaire, un
morceau de la jambe droite (Mérida, Musée, Inv. no 580). Mercure
est assis sur une roche, couverte en partie par la chlamyde que le
dieu a posée négligemment sur la roche. Près de celle-ci, et appuyée
sur une pointe de la chlamyde, il y a la lyre faite avec la carapace
d'une tortue et les cornes d'une antilope, selon la tradition. Sur
la lyre on lit l'inscription déjà recueillie ici au no 2, et qui explique
que cette statue fut consacrée à l'invincible Mithra par le *Pater*
Gaius Accius Hedychrus en l'an 180 de la Colonie d'Emerita,
c'est-à-dire en 155 de l'ère chrétienne. C'est la même date que
celle qui figure sur l'autel de notre no 1. Il s'agit par conséquent
d'une œuvre bien datée du milieu du IIe siècle. Peut-être est-elle
l'œuvre de Démétrius, le sculpteur grec qui a signé la statue de
notre no 10. Celui-ci, ou son atelier, doit avoir fait presque toutes
les sculptures de ce Mithréum, du moins celles du temps du grand
prêtre G. Accius Hedychrus. Le modèle suivi ici pour cet Hermès
est de nouveau un prototype lysippien. La présence de Mercure
dans un sanctuaire mithriaque n'est pas nouvelle. C'est ainsi que
nous le voyons dans le relief de Klagenfurt précédant comme
Phosphoros le char de Mithra [1]). Mais la statue de Mérida est
jusqu'à présent la preuve la plus évidente et la plus monumentale
des relations du mithriacisme avec Mercure [2]).

Lieux Diverses

14. A v a l o s

Avalos, près d'*Emerita Augusta* (Mérida) . Pierre qui formait la

[1]) *CIMRM* II, no 1430 et fig. 336.
[2]) En dehors de la bibliographie relative au Mithréum d'Emerita Augusta,
cette statue a été étudiée, du point de vue artistique, par G. Lippold, *Kopien
und Umbildungen*, München, 1923, 86, 129; J. Sieveking dans *Münch.Jahrb.*
(N.F.), 1, 1924, 14; Johnson, *Lysipos*, 1927, 179; O. Brendel dans *Einzelauf-
nahmen*, 4300-1, texte p. 41 (1937); V. H. Poulsen dans *ActaA* 15, 1944, 68 ss.

3

base d'une statue [1]). L'inscription est conçue comme suit: *Caute* |
Tib(erius) Cl(audius) | *Artemidoru[s]* | *P(ater*, ou bien, *-osuit)*.
Il s'agit d'un affranchi, probablement d'origine orientale à en juger
par son cognomen. Un autre individu avec les mêmes tria nomina
apparaît dans la région, dans une pierre de Galisteo [2]). Sur l'inscription mithriaque de Beja (voir le no suivant) figure un autre
Artemidorus. Le mot Cautes s'applique sans doute au dadophore
mithriaque.

15. *Pax Iulia* (Beja)

Pax Iulia (la Beja actuelle). Pierre marmoréenne de couleur
cendrée, dont la zone écrite est encadrée par une double moulure
(hauteur 29 cm., largeur 38 cm. et épaisseur 0,8 cm.; Musée
Archéologique de Beja [3]). Des photographies et des calques
aimablement faits sur notre demande par Mr. Viana en 1950,
nous permirent de donner la lecture suivante: *[M(ithrae) ?] Deo
Invicto* | *sodaliciu(m) Braca/rorum s[pon]dium sua in/pensa
fecerunt cum/cratera. T[ripodem] dona/vit Messiu[s Artem]ido/rus
magister. D. S. F.* Mithra de la première ligne est une supposition
qui s'appuie sur deux traits inférieurs. La formule normale est
l'inverse (*Deo Invicto Mithrae*). À la troisième ligne, la lettre *s*
semble sûre, le reste a disparu. Cela pourrait être aussi bien *spodium*
que *seddium, podium,* ou *spel(a)eum*. Nous avons choisi *spondium*
(au lieu de *spondum*) parce que ce mot s'adapte mieux à l'espace
libre et parce qu'il contient une idée qui peut être associée au
cratère mentionné après. Ligne 4: est-ce *cum* et non *cumt*? (Lambrino). Ligne 5: *t(ripodem)* est une simple hypothèse, mais le *t*
semble sûr. Messius Artemidorus peut être considéré comme sûr,
mais des lettres *D. S. F.* seule la dernière est certaine.

C'est l'unique inscription péninsulaire qui se rapporte à une
institution mithriaque. Elle parle d'une confrérie ou collège (*soda-*

---

1) *CIL* II, 464 et *Suppl.*; *MMM* II, no 512 et I, 260, 3; *CIMRM* I, no 797;
A. García y Bellido, no 1, 1.
2) *CIL* II, 517.
3) Publiée par A. Viana, *Museo Regional de Beja, Secção Lapidar*, Beja,
1946, no 8, nous l'avions incorporée à notre étude sur Mithra en lui donnant
le no 5. Sa lecture est difficile car elle est en partie effacée. Le Prof. Lambrino,
Divinités Lusit., 6 l'étudia de nouveau en 1954; *CIMRM* II, no 801 *bis*.

licium) et d'un *magister*, probablement le président du *sodalicium* des habitants de Bracara Augusta adeptes de Mithra. Il semble que le *sodalicium* dans son ensemble ait offert une libation (?) à ses frais, mais une libation qui semble spéciale, *cum cratera*. De son côté, le président de ce *sodalicium*, un certain Messius Artemidorus (manque le *praenomen*), sans doute un affranchi ou fils d'affranchi, a donné un trépied (?). Les trois lettres finales contiennent une formule usuelle où l'F (seule lettre sûre) ne peut pas se développer en *f(ecit)*. Lambrino donne au *donavit* de la ligne 5/6 un sujet supposé T. Fl. Aper, et il attribue les initiales *D. S. F.*, *D(e) S(uo) F(ecit)*, au *magister* Artemidorus.

16. *Egitania* (Idanha a Velha)

Autel de granit [1]), 26 cm. sur 17. On lit: *Soli | Turei | . . . . . ni.* Inscription très douteuse, comme on le voit.

17. *Capera* (Cáparra)

Pierre carrée de La Oliva [2]). *Soli | invict(o) | Aug(usto) | sacrum.* Son caractère mithriaque est douteux.

18. *Olisipo* (Lisbonne)

Soli et Lunae | Cestius Acidius | Perennis | leg(atus) Aug(usti) pr(o)pr(aetore) | provinciae Lusitaniae. Elle n'est pas clairement mithriaque [3]).

19. *Olisipo* (Lisbonne)

Soli aeterno | Lunae | pro aeternitate im/peri et salute Imp(eratoris) Ca[esaris L.] | ⁵Septimi Severi Aug(usti) Pii et | [Imp(eratoris)] Caes(aris) M. Aureli Antonini | Aug(usti) Pii [et P. Septimi Getae nob(ilissimi)] / Caes(aris) et [Iu]liae Aug(ustae) matris c(a)s[tr(orum)] / Drusus Valer(ius) Coelianus | ¹⁰. . . . usi [leg(atus ?)] Augustorum | cumu . . . suale . . ni sua et | Q. Iulius Satur. Q. Val . . . et Anto/nius . . . . . Hübner interprète les lignes 10 à 13 (*CIL*) de la façon suivante: *curam ag(ente) Valerio Quadrato Q. Iulius Saturninus et Q. Valerius Antonianus.* Cette inscription n'est pas clairement mithriaque. Début du IIIᵉ siècle [4]).

1) F. Almeida, *Egitania*, Lisbonne, 1956, 151, no 14 = *HAEpigr.*, no 1070.
2) *CIL* II, 807 = *MMM* II, no 518 = *CIMRM* I, no 801.
3) *CIL* II, 258 = *MMM* II, no 516 = *CIMRM* I, no 799.
4) *CIL* II, 259 = *MMM* II, no 517 = *CIMRM* I, no 800.

20. *Troia* (Setubal)

Marbre blanc de 62 cm. de haut sur 72 de large. Trouvé vers l'année 1925 au lieu appelé Troia, dans la longue pointe du delta formé par l'embouchure du Sado. Il y a là les ruines importantes d'une ville que l'on suppose être l'ancienne Καιτόβριξ de Ptolémée, II, 5, 2 [1]). On trouva le relief dans une chambre étroite et allongée qui peut avoir été un Mithréum. Il se trouve à présent en propriété privée [2]).

Le relief faisait partie d'un „retable" mithriaque probablement composé de plusieurs panneaux. C'était le volet droit (du point de vue du spectateur) d'un triptyque. On y voit deux figures à-demi couchées, appuyées sur le bras gauche. Elles sont habillées de tuniques à manches et coiffées de bonnets phrygiens. La figure principale a la tête entourée d'un faisceau de onze rayons au-dessous desquels on voit le disque d'une auréole ou nimbe. Chacune des deux figures tient à la main gauche un rhyton. Elles représentent probablement la scène du banquet d'alliance entre Mithra et Hélios, après que celui-ci a été vaincu par Mithra dans une lutte titanique. Par terre, au pied des figures des dadophores, et entre eux, se trouve le cratère entouré d'un serpent.

À gauche de la scène décrite, on voit le commencement de la scène principale, celle de Mithra tauroctonos, qui devait occuper une largeur double. Dans ce panneau il y avait, comme c'est la coutume, à droite, les figures de Cautopates et de la Lune, toutes deux conservées. Sur la flamme de la torche renversée de Cautopates, on voit le pied du taureau sur lequel devait chevaucher Mithra, selon la formule stéréotypée. Nous n'avons pas de témoignages relatifs à la date de ce relief; mais, d'après le caractère des ruines

1) Cf. aussi Mark., *Herakl.*, II, 13; *Itin. Anton.*, 417, 1 (*Catobrica*); *Raven.*, 306, 18.

2) V. Correia, *Historia de Portugal* (éd. Barcelos), I, 1928, 257 et fig. à la p. 251; A.-I. Marques da Costa dans *ArqPort.*, 29, 1930-1, 2 ss, fig. 26; Fr. Cumont dans *CRAI* 1934, 262; A. García y Bellido dans *BRAH* 122, 1948, 304 ss, fig. 23 planche 3; E. Jalhay dans *Broteria* 66, 1948, 5 ss, fig. 3-4 (nous donnons ces indications d'après le tirage à part). Jalhay publie ici la correspondance échangée, à propos de ce relief, entre Cumont et le Ministre de Belgique à Lisbonne d'alors. A. García y Bellido, *Esc.Rom.*, no 398, Pl. 282; Lambrino, *Div.Lusit.*, 3 ss (nous citons d'après le tirage à part); *CIMRM* I, no 798, fig. 217.

de Troia, il serait possible de le placer aux environs du IIIe siècle. En tout cas, jusqu'à présent, c'est le seul témoignage que nous ayons dans la Péninsule d'un „retable" mithriaque.

PROVINCE TARRACONAISE

21. *Tarraco* (Tarragona)

Pierre trouvée en 1800. Il s'agit d'un fragment d'autel [1]. [*Invi*]*cto Mithra*[*e*] / . . . [*duo*] *vi*[*r*] / . . . *cime* / . . . *nn*(*orum* ?) *XV*.

22. *Baetulo* (Badalona)

Autel [2]. *Soli D*(*eo*) *sacrum* / *A. P*(*ompeius*) *Abascantus*. Caractère mithriaque douteux.

23. Benifayó (prov. de Valence)

Son nom antique reste inconnu. Autel trouvé en 1922 en face de l'abreuvoir de la Fuente de Muça, sur le chemin de Sollana à Alfarp. Ce lieu est parsemé de restes romains. Il s'agit d'un autel prismatique, en pierre calcaire, avec *focus* et *cornua*. Il mesure 65 cm. de haut. Il est conservé au Musée Provincial de Valence [3]. L'inscription est la suivante: *Invicto* / *Mithrae* / *Lucanus* / *Ser*(*vus*).

24. Trillo (prov. de Guadalajara)

On ignore son nom antique. Pierre sablonneuse trouvée en 1888 au Cerro de Villavieja, site probablement d'une ville romaine, si l'on juge d'après ses ruines et son propre nom de Villavieja (Ville-vieille). L'inscription mesure 67 cm. sur 41. Elle est perdue [4]. *Sol*(*i*) *Aug*(*usto*) *v*(*otum*) / *Dio G*(*ai*) *lib*(*ertus*) / *s*(*olvit*) *l*(*ibens*). De caractère mithriaque, mais d'une façon douteuse.

25. *Asturica Augusta* (Astorga)

L'inscription [5] a disparu. Elle avait sur la partie supérieure trois insignes militaires, d'après Hübner (*CIL*); mais les descriptions

1) *CIL* II, 4086 = *MMM* II, no 515 = A. García y Bellido, no 2 = *CIMRM* I, no 806.
2) *CIL* II, 4604 = *MMM* II, no 524 = *CIMRM* I, no 805.
3) A. García y Bellido, no 4.
4) F. Fita dans *BRAH* 16, 1890, 224; *CIL* II, 6308 = *MMM* II, no 523 = *CIMRM* I, no 807.
5) *CIL* II, 2634 = *MMM* II, no 522 = *CIMRM* I, no 804.

anciennes inclinent à supposer plutôt trois rameaux, comme c'est
le cas avec d'autres monuments similaires de la région. Ces rameaux
étaient accompagnés de deux demi-lunes, comme il est courant
également dans les stèles ou ex-voto de la même région [1]). Il n'est
pas sûr que le texte de cette pierre soit mithriaque. Voici l'inscrip-
tion: *I(ovi) O(ptimo) M(aximo)* | *Soli Invicto Libero* | *Patri Genio
Praetor(ii)* | *Q(uintus) Mamil(ius) Capitolinus* | *iurid(icus) per
Flaminiam* | *et Umbriam et Picenum* | *leg(atus) Aug(usti) per Astu-
riam et* | *Gallaeciam dux Leg(ionis) VII G(eminae) P(iae) Fe(licis)* |
praef(ectus) aer(arii) Sat(urni) pro salute | *sua et suorum*. Elle est sans
doute déjà du IIIᵉ siècle.

26. San Juan de Isla, près de Colunga (Asturias)

Son nom antique n'est pas connu [2]). L'inscription fut transportée
en 1880 au Musée Archéologique d'Oviedo, où elle est conservée.
Elle est en pierre de la région, et mesure 76 cm. de haut sur 22 de
large. Les lettres semblent, d'après Hübner, de la fin du IIIᵉ siècle.
Elle était connue dès 1794. Quadrado [3]) dit que l'on voyait à
l'endroit où elle fut découverte, des vestiges d'un temple romain
qui, d'après les monnaies et les inscriptions trouvées sur place
était, disait-on, un temple d'Auguste. Information que nous
transmettons, mais sans y attacher de crédit.

L'inscription, en lettres rudes mais alignées de façon régulière,
est la suivante (nous suivons la transcription de F. Diego): *Ponit
Inv*|*icto Deo* | *Austo. po*|*nit lebien*|[5]*s Fronto* | *aram Invi*|*cto Deo
Au*|*sto. pleveiu*|*s* [ou *F(ronto) levens* ?] *ponit, pr(a)e*|[10]*sedente p[a]*|
[t]rem patr[a]|*[t]um leon[e]*|*m* [ou *M(ithrae)* ?].

Ligne 4: *lebiens* douteux. Ligne 8, *pleveius* douteux: ce pouvait

1) Celui qui a le mieux étudié ce monument est M. Macías, *Epigrafía
romana de Astorga*, Orense, 1903, 29 ss, auquel on se reportera pour tous les
antécédents.
2) La bibliographie mineure antérieure au *CIL* a été récemment recueillie
par Diego Santos (cité plus loin). *CIL* II, 2705 = 5728; M. Vigil, *Asturias
monumental, epigráfica*. . . Oviedo, 1887, 353-4, pl. P II no 6; le Marquis de
Monsalud dans *BRAH* 43, 1903, 244; *MMM* II, no 514; P. Paris dans *RA*
1914, 18 no 2; García y Bellido, no 4; Mallon-Marin, *Scripturae, Monumenta et
Studia*, II, 1951, no 213; C. Cabal, *Las Asturias que venció Roma*, Oviedo,
1953, 199; *CIMRM* I, no 803; F. Diego Santos, *Epigrafía romana de Asturias*,
Oviedo, 1959, 34 no 7.
3) *Recuerdos y Bellezas de España* IX, 1855, 198.

être également *F(ronto) levens* (= *libens* ?). *Austo* est accepté par tous comme *Augusto*. Le *M* de la dernière ligne pouvait appartenir à *leone/m*, ou être l'initiale de *M(ithrae)*.

Cette inscription semble reproduire un texte religieux, une oraison ou formule liturgique. Elle est distribuée en quatre strophes, mais la dernière partie ne s'accorde pas avec les vers précédents. Divisée d'après la métrique elle serait comme suit: *Ponit Invicto Deo Austo — Ponit lebiens(is) Fronto — Aram Invicto Deo Austo — Fronto lebiens(is) ponit — Pr(a)esedente Patrem Patrum Leonem*.

27. *Aquae Calidae* (Caldas de Reyes)

Trouvée en 1889 [1]). Elle dit: *Cau/ti . . /Ant[onius]* ?

PROVINCE BÉTIQUE

28. *Italica* (Santiponce)

Pierre marmoréenne blanche de 31 cm. sur 35, sur laquelle on avait commencé à sculpter en relief la scène très connue de Mithra tuant le taureau. Le travail fut abandonné avant qu'il fût achevé, et nous ne savons pas si le plan du sculpteur prévoyait aussi la représentation du chien, du serpent et du scorpion, comme c'est la norme pour cette scène si courante. En tout cas il n'y restait pas de place pour les dadophores, qui pourraient avoir été destinés à des pierres latérales. Elle fut découverte dans la Calle de Da Saturnina, en 1923. Elle est conservée aujourd'hui au Musée Archéologique de Séville [2]).

29. *Italica* (Santiponce)

Petit autel en marbre de 23 cm. de haut. On ignore sa provenance. Conservé aujourd'hui au Musée Archéologique de Séville, Inventaire no 828 [3]). Sur ses quatre côtés on voit des reliefs qui représentent:

---

1) M. Murguía, *Historia de Galicia*, II, 561; *CIL* II, 5635 = *MMM* II, no 513 = García y Bellido, no 3 = *CIMRM* I, no 802. L'identification de Caldas de Reyes avec *Iria Flavia* (Cumont; Vermaseren) est erronée: *Iria Flavia* correspondit à Padrón, et *Aquae Calidae* à Caldas de Reyes.

2) A. García y Bellido dans *AEArq.*, 23, 1950, 367 s et figs 11-12; *CIMRM* I, no 769.

3) A. García y Bellido dans *Studies presented to D. M. Robinson*, Saint Louis, Missouri, I, 1951, 776 ss = *AEArq.*, 23, 1950, 367 ss; *CIMRM* I, no 770.

celui de devant, un taureau tourné vers la droite; celui de derrière, un figuier; celui de droite, cinq épis de blé, et celui de gauche, des pampres de vigne avec des grappes de raisins. Ces quatre reliefs font une allusion très directe à divers épisodes de la vie de Mithra. Vermaseren accepta notre interprétation, tout en suggérant la possibilité de leur rapport, en outre, avec le culte de Dionysos, — opinion que nous ne rejetons pas, bien qu'en insistant sur leur caractère essentiellement mithriaque [1]).

30. *Italica* (Santiponce)

Pierre en marbre blanc-grisâtre trouvée avant 1931, date de son entrée au Musée Archéologique de Séville. Elle mesure 26,5 cm. de haut et 33,4 cm. de large. Entre deux pieds dont les doigts sont tournés en bas, on lit: *Q(uinctus) C(laudius) C(. . . .) | D(eo) I(nvicto) S(oli*, ou *-acrum*). Il est possible qu'il s'agisse de Mithra si les sigles se trouvent correctement développés, comme il semble. Quintus Claudius est une simple supposition [2]).

31. *Malaca* (Málaga)

Son caractère mithriaque n'est pas clair. L'autel portait sur un de ses côtés le vase lustral et sur l'autre la patère [3]). L'inscription disait: *L(ucius) Servilius Supera/tus Domino invicto | donum libens ani/mo posuit | ara(m) merenti.* Cf. ici no. 5.

32. *Munda* (Montilla)

A deux km. de Montilla (Cordoue), dans le lieu dit ,,El Molinillo'', on trouva un bronze représentant Mithra en buste, coiffé d'un bonnet phrygien, et le front entouré de rayons. Il se trouvait en 1909 dans la possession d'un particulier de ce lieu. Il mesure 15 cm. de haut. Dans sa partie postérieure il avait une boîte, également en bronze, pour insérer une pièce. Il s'agit probablement d'un attelage de char [4]).

1) Cf. E. Thevenot dans *RAEst* 3, 1952, 125 ss.
2) G. Fernández Chicarro dans *RABM* 66, 1950, 620, Pl. I, 2; *CIMRM* I, no 768; *HAEpigr.*, 346.
3) *CIL* II, 1966; *MMM* II, no 519; *MMM* I, 266 note; García y Bellido, no 6; *CIMRM* I, no 767.
4) Romero de Torres dans *BRAH* 54, 1909, 76 et fig. à la page 77.

33. *Ipagrum* (Cabra)

Groupe sculpté en marbre blanc représentant le sacrifice du taureau par les mains de Mithra, de la façon accoutumée dans cette sorte d'images y figurent aussi le serpent, le scorpion et le chien. Il fut trouvé par hasard en 1952 à Fuente de las Piedras et dans la région de Cabra, dans des terrains où étaient apparues d'autres antiquités romaines. Ce groupe se trouve aujourd'hui au Musée Archéologique de Cordoue. Il mesure 93 cm. de haut. C'est la seule statue de ce genre trouvée dans la Péninsule Ibérique (celles de Troia et Santiponce sont des reliefs) [1]).

Lampes Mithriaques

On a trouvé en Espagne quelques lucernaires à emblème mithriaque. Ils représentent tous Hélios à la tète radiée, et portant un fouet à la main droite. Nous en connaissons deux exemplaires d'*Emerita Augusta*, deux autres de Villafranca de los Barros, l'ancienne *Perceiana*, au sud d'*Emerita*, et un de Troia (Setubal), l'ancienne *Caitobrix*.

1) A. García y Bellido dans *AEArq.*, 25, 1952, 389 ss; *CIMRM* I, no 771.

CHAPITRE IV

CYBÈLE-MAGNA MATER

Le culte de la Magna Mater a été, avec celui d'Isis, le plus répandu en Hispanie, du moins à en juger d'après les témoignages archéologiques conservés jusqu'à nos jours. Si l'on ajoutait les documents relatifs à Attis, son *paredros*, le culte de la Magna Mater occuperait certainement la première place. Mais le culte d'Attis a eu un caractère très particulier, qui n'invite pas à l'associer nécessairement à celui de la Magna Mater. Leurs lieux d'expansion dans la Péninsule ne coïncident point, et mise à part l'inscription de *Mago* (no 13), leurs noms ne figurent jamais ensemble. Attis, comme nous le verrons plus loin, se présente toujours en Hispanie sous la forme d'images funéraires, et non sous la forme d'inscriptions (sauf celle de *Mago*, que nous venons de citer). Cybèle, au contraire, ne nous est connue que par des inscriptions (circonstance peut-être due au hasard).

À la suite de l'étude de H. Graillot [1]), le nombre d'inscriptions hispano-romaines relatives à la Magna Mater a beaucoup augmenté. En 1922, Schwenn n'en connaissait encore que six [2]) sans compter l'inscription douteuse de Léon, qu'il reprend du reste. Dans cette étude nous avons pu en réunir jusqu'à seize, sans inclure celles de Léon et d'Egitania, que cependant nous retenons, mais en les donnant comme très douteuses. Elles seraient donc dix-huit au total (fig. 2).

Ces dix-huit inscriptions sont concentrées, dans des conditions de prédominance frappante, dans la moitié la plus occidentale de la Péninsule, et plus spécialement dans la Province de Lusitanie. C'est ainsi que la Province Bétique, qui avait été de beaucoup la première et la plus profondément romanisée, ne présente que les inscriptions de Cordoue (nos 1-3), et la Tarraconaise, très romanisée également dans sa partie maritime méditerranéenne, n'offre que

1) H. Graillot, *Le culte de Cybèle*, Paris, 1912.
2) *PWRE s.v.* Kybele.

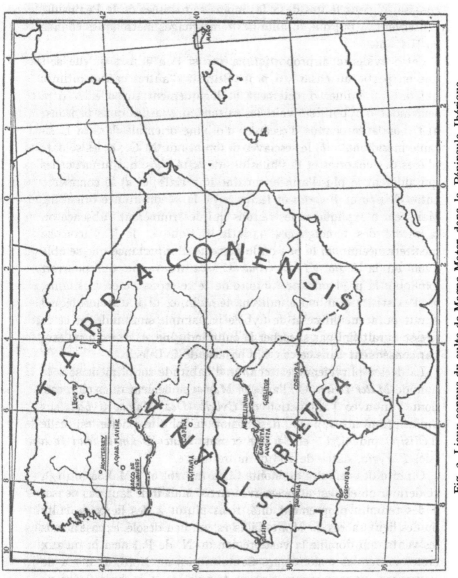

Fig. 2. Lieux connus du culte de Magna Mater dans la Péninsule Ibérique.
Les noms soulignés sont actuels.

l'inscription de *Mago*, aux Baléares, et aucune sur la côte péninsulaire. C'est ainsi que la Lusitanie et la partie N.-O. de la Tarraconaise, régions toutes deux les moins romanisées de la Péninsule,
conservent la presque totalité des témoignages métroaques connus
en Hispanie.

Cette évidente disproportion, même si l'on admet qu'elle soit
due en partie au hasard, a probablement d'autres causes intimes
qui ont pu influer directement et logiquement sur elle. À titre
seulement d'hypothèse, voici les raisons auxquelles nous pensons :
a) l'abondance connue d'esclaves d'origine orientale dans la Lusitanie méridionale ; *b*) les esclaves des mines du N.-O. ; *c*) les soldats
libérés des cohortes et des ailes des deux régions, qui furent celles
qui aidèrent le plus l'armée romaine impériale ; et *d*) le commerce
entre *Olisipo* et *Emerita* et les pays de la Méditerranée orientale.
Mais cela n'explique ni les raisons qui determinèrent l'absence ou
la rareté des témoignages dans la Bétique et la Tarraconaise
méditerranéenne, ni le peu ou le manque d'importance que semble
avoir eu la *Legio VII Gemina*. Une autre raison qui pourrait
expliquer la prédominance notoire de cette croyance en Lusitanie,
est l'existence d'un culte indigène féminin, celui d'Ataecina, lequel
aurait pu accueillir celui de Cybèle par simple similitude, et cette
déesse aurait fini par absorber le culte indigène. Ataecina a pu être
par conséquent dans ce cas, l'hypostase de Cybèle.

La déesse phrygienne est connue d'habitude simplement sous le
nom de *Mater Deum*. On l'appelle *Magna* seulement dans cinq cas,
dont l'un avec l'adjonction de *Cybele* (*Dea Magna Cybele*, sur
l'inscription no 12). La désignation la plus explicite est celle
d'*Olisipo* (no 5), où elle figure comme *Mater Deum Magna Idea*
(sic) *Phrygia*, datée de 108 de notre ère.

On cite des temples au Monte Cilda (no 16) et à Mahón (no 13),
ce dernier où elle est associée avec Attis. Mais il ne faut pas penser
à des temples proprement dits, mais plutôt à des lieux de culte
ou des lieux sacrés. Le Monte Cilda est un lieu désolé, exposé à tous
les vents, qui domine la vaste région du N. de Palencia jusqu'aux
crêtes élevées des montagnes Cantabriques au Nord. Il n'y a de
vestiges d'aucune construction de temple, et la roche affleure de
tous côtés.

Parmi les cérémonies rattachées au culte de Cybèle, figurent quatre (probablement cinq) *taurobolia* et cinq (probablement six) *criobolia*. Les premiers se trouvent à *Corduba* (nos 1-3), à *Emerita Augusta* (no 4) et à *Metellinum* (no 10). Celui de Cordoue (no 3) est rattaché à un *crio(bolium)* le 24 mars de l'année 238, celui de Cordoue (no 1) à un *crio(bolium)* (sic). Celui d'*Emerita* (no 4) commémore une naissance, et celui de Medellin (no 10) la santé et le retour d'un individu. Quant aux *criobolia*, on en connaît deux (probablement trois) à Cordoue avec les *taurobolia* déjà cités; un autre à *Pax Iulia* (no 7), pour une naissance, et le quatrième à *Ossonoba* (no 9).

Le culte de Cybèle avait un caractère oraculaire en relation avec l'oniromancie. On connaît des ordres par révélation (*ex iussu*, *ex visu*) à Cordoue (no 3) et à Garlitos (no 8).

Il y a deux commémorations de naissances, celle d'*Emerita* avec *taurobolium* (no 4), et celle de *Pax Iulia*, avec *criobolium* (no 7).

On connaît quatre ex-voto: ceux d'*Olisipo* (no 6), Garlitos (no 8), Marco de Canaveses (no 15) et Monte Cilda (no 16).

Celui de Cordoue no 3, daté du 24 mars 238 (*taurobolium* et *criobolium*), est *pro salute Imperii*; celui de *Corduba* no 1 est *pro salute Imperatoris Domini Nostri M. Aureli Severi Alexandri*; et celui de *Metellinum* (no 10) *pro salute et reditu*.

En ce qui concerne la classe sociale des individus en rapport avec ce culte en Hispanie, on remarque la prédominance presque absolue des citoyens libres, bien qu'il y en ait quelques-uns qui manifestent dans leurs *cognomina* une origine servile et, dans deux cas, indigène. Cela s'explique probablement par l'époque déjà tardive de presque tous les témoignages, — le plus ancien parmi les datés, celui d'*Olisipo* (no 5), étant de l'époque de Trajan (de 108), et le plus moderne, celui de Cordoue (no 3), de 238. Sur les vingt-cinq noms connus de ces monuments il y a seulement dix noms féminins.

Quant aux dignités sacerdotales nous connaissons un *archigallus*, Publicius Mysticus (*Emerita*, no 4), cinq prêtres: Aurelius Stephanus (Cordoue, no 3), Doccyricus Valerianus (*Emerita*, no 4), Lucius Antistius Avitus et Gaius Antistius Felicissimus, tous deux dans *Pax Iulia* (no 7) et, finalement, L.(?) Agrius Vocatus (?) d'*Ossonoba* (no 9). On ne voit pas clairement si le Marcus Iulius Cass . . . et

Cass... Sev... d'*Olisipo* (no 5) étaient des prêtres, et moins encore si la deuxième personne était une femme. Mais il est certain qu'ils étaient tous des citoyens romains. Comme *cernophore* nous avons le cas explicite de Flavia Tyche, d'*Olisipo* (no 5).

1. *Corduba* (Córdoba)

Inscription trouvée en janvier 1921 conjointement avec la suivante[1]). Elle est en marbre blanc[2]). Il s'agit d'un autel avec son *focus* et ses deux *cornua*. Sur la petite face de droite on voit presque en silhouette la tête d'un mouton prise de profil et, à gauche, une patère avec manche. L'autel nous est parvenu complet, sans qu'il lui manque autre chose que le pointillé de la partie sur laquelle était inscrit le nom de Severus Alexander, effacé par la *damnatio memoriae* qu'il eut à subir à sa mort. L'inscription donne des témoignages suffisamment clairs pour assurer cette restitution[3]).

Le texte (Pl. V), écrit en lettres actuaires de facture soignée et avec les additions opportunes, dit ce qui suit : *Pro salute | Imp(eratoris) Domini N(ostri) [M. Aureli | Severi Alexandri] Pii Felicis | Aug(usti). | Taurobolium fecit Publicius | Fortunatus Talamas. Suscepit | chrionis Coelia Ianuaria, | adstante Ulpio Heliade sacerdo[te]. | Aram sacris suis d(e)d(icaverunt) | Maximo et Urbano co(n)s(ulibus).*

L'année consulaire nous amène à 234, date où le dernier des Sévères, Alexandre, qui mourut l'année suivante, exerçait la dignité impériale. Celui qui fit le *taurobolium* fut le même que nous verrons dans un autre autel portant une date de quatre ans postérieure (celui qui dans ce travail est le no 3). Dans celui qui nous occupe maintenant il s'agit de Publicius Fortunatus Talamas (*sic*). Dans celui de l'année 238 (celui du no 3 déjà cité) c'est Publicius Valerius Fortunatus Thalamas (*sic*).

1) Au coin de la Calle de Sevilla et de celle des Siete Rincones, à une profondeur qui varie entre deux et trois mètres. Elle se trouve aujourd'hui au Musée Archéologique de Cordoue où elle entra le 25 février de la même année avec la marque D 5.

2) Elle mesure 93 cm de haut. Sa base est de 46 x 36 et le corps de 37 x 31.

3) J. de la Torre dans *Boletín de la Sociedad Cordobesa de Arqueología y Excavaciones* 4, 1921, 6 ss; L. Wickert, *Bericht über eine zweite Reise zur Vorbereitung von CIL II Suppl.* 2 dans *Sber. Preuss. Ak. Wiss. (Phil.-Hist. Klasse)* 32, 1931, 830 ss.

Dans celui-ci on donne la date exacte de la cérémonie: 24 mars qui est celle des fêtes appelées *sanguis*. Mais dans l'inscription dont nous traitons maintenant, à sa place on dit *aram sacris suis dedi-caverunt*, qui doit se comprendre comme une indication chronologique équivalente. Le mot *chrionis* se voit ensuite au no 3. Dans les trois inscriptions de Cordoue le *crion* reçoit une femme, ce qui peut être aussi bien une chose fortuite qu'une caractéristique rituelle.

2. *Corduba* (Córdoba)

Trouvée comme la précédente dans le même endroit et à la même date. Elle fut perdue l'année même de sa découverte. Sa bibliographie est la même que celle du no 1. Ici aussi, comme dans les dalles précédentes et suivantes, figurait une tête de mouton sur l'un des côtés de l'autel.

Le texte disait ... *Clodis* ... / *adstante Ul[pio / Heliade] sacerdote. Ar[am] / sacris suis d(e)d(icaverunt) Maximo et Urbano co(n)s(ulibus)*. L'année consulaire est celle de l'inscription précédente, c'est-à-dire 234. Le prêtre, Ulpius Heliade, est aussi le même, ainsi que la formule *sacris suis*.

3. *Corduba* (Córdoba) (Pl. VI)

Inscription votive trouvée en 1872, au centre de la partie urbanisée de la *Corduba* romaine [1]). Dans sa partie gauche elle présente un relief avec une tête de bélier, dans la droite une *patera* et un *praefericulum* (*cf*. nos 1 et 2); elle n'a rien dans la partie postérieure [2]). On lit: *Ex iussu Matris Deum / pro salute Imperii / tauribolium fecit Publicius / Valerius Fortunatus Thalamas / suscepit crionis Porcia Bassemia / sacerdote Aurelio Stephano / dedicata VIII Kal(endas) april(es) / Pio et Proculo co(n)s(ulibus)*.

La date de la commémoration est donc le 24 mars 238. Pour Publicius Valerius Fortunatus Thalamas *cf*. no 1. Il n'est pas rare de trouver les quatre noms du dédicateur dès le IIe siècle. Le

---

1) Elle se trouve au Musée Archéologique de Cordoue. En marbre blanc, elle a 85 cm de haut, 44 de large et 55 dans la corniche et dans la base; elle a 20 cm d'épaisseur.

2) F. Fita dans *Museo Español de Antigüedades* 4, 1875, 635 ss; *EE* 3, 1876, no 15; *CIL* II, Suppl., 5521; Dessau, 4139; Graillot, 159, 242, 474 s; Toutain, II, 85 ss; Lantier, 187.

quatrième est intéressant à cause de son origine grecque. Il en est de même pour le cognomen du prêtre (Stephanus). En revanche Bassemia doit être un nom syrien qui figure uniquement ici en Hispanie [1]). Pour le caractère d'esclave public que dut avoir à son origine Publicius Valerius Fortunatus Thalamas, voir ce qui concerne l'inscription de Mérida (no 4).

Le mot *crionis* (*chrionis* dans l'autel no 1), qui se lit clairement sur l'inscription, est douteux quant à son interprétation exacte. Fita a proposé de le décomposer en deux: *crion* (une forme de χριός) et *is*, les initiales d'*is(iaca)*, comme adjectif de Porcia Bassemia; mais cette explication n'est pas probable. Plus logique est la proposition de Mommsen dans *CIL* II, 5521, qui, sans être tout à fait correcte, est convaincante: il s'agirait de *crionisbolium*. Il y eut donc deux cérémonies, le sacrifice du bélier et celui du taureau, à la même date, semble-t-il, du 24 mars. Cette date coïncide avec celle qui est appelée significativement *sanguis* dans le calendrier de fêtes de Philocalus. L'inscription de Cordoue témoigne, d'autre part, du caractère oraculaire de ce culte, puisqu'il y est question d'une révélation par ordre direct de la divinité même (*ex iussu Matris Deum*), sans aucun intermédiaire, à ce qu'il paraît. Il est également intéressant de noter que cette double cérémonie est consacrée au salut de l'Empire (*pro salute Imperii*), c'est-à-dire pour l'Empereur d'alors, Maximinus.

4. *Emerita Augusta* (Mérida)

Autel en marbre trouvé en 1874. Il est couronné par deux rosaces, entre lesquelles figure la tête d'un bélier vu de front, sculptée avec art (Pl. VII, 1). Des deux côtés de l'autel il y a: à droite en regardant la figure, une *patera* (Pl. VIII, 1); à gauche, un *praefericulum* (Pl. VIII, 2). Derrière, une grande guirlande de sacrifices (Pl. VII, 2). L'autel a 1,30 m. de haut et 0,40 m. de large, et se trouve aujourd'hui au Musée Archéologique de Madrid [2]).

1) Cf. Dessau, 4300.
2) A. Fernández Guerra dans *Museo Español de Antigüedades* 4, 1875, 636; Barrantes, *Barros emeritenses*, Madrid, 1877, 23; F. Fita-Fernández Guerra, *Viaje a Santiago*, Madrid, 1880, 98; *EE* 3, 1877, 32, no 2; *CIL* II, *Suppl.*, 5260; Dessau, 4156; Graillot, 171, 234, 242, 474-5; L. de Vasconcelos, *RL*, III, 332; Lambrino, *Div.Lusit.*, 9 ss; J. Carcopino, *Aspects mystiques de la Rome païenne*, Paris, 1942, 94, no 9 (erreur dans l'indication de lieu).

L'inscription est rédigée de la façon suivante: *M(atri) D(eum) S(acrum) / Val(eria) Avita / aram tauriboli(um) / sui natalici red/diti d(ono) d(edit) sacerdo/te Doccyrico Vale/riano arcigallo / Publicio Mystico.*

Il s'agit donc de l'autel consacré à la Magna Mater par Valeria Avita en souvenir de la célébration d'un taurobole, à une certaine date commémorative de sa naissance. On ne voit pas clairement s'il est fait allusion à la date même de la naissance d'Avita, à son premier anniversaire ou au vingtième, selon la coutume (voir les opinions de Hübner et Mommsen dans *CIL* cit.). Comme archigalle figure un certain Publicius Mysticus. Graillot avait déjà noté que Mysticus est proprement un *cognomen* et non pas un titre sacerdotal, comme le dit *CIL*. Cependant, Publicius devait être un affranchi de la ville d'*Emerita*. Sa dignité d'archigalle s'explique parce que les lois défendaient aux citoyens romains de pratiquer le culte de la Magna Mater, — mais acceptaient en revanche que les municipes se fissent les auxiliaires de ce culte en permettant aux serfs municipaux et aux affranchis, ainsi qu'aux couches les plus infimes de la population, d'être membres de cette religion, et même d'accéder aux hautes dignités de son sacerdoce [1]).

Tel est le cas de Mérida, comme le révèle le *nomen* de Publicius, et même le *cognomen* Mysticus, qui semble faire allusion à sa ,,charge". Il y a des cas semblables à Tegeste (trois inscriptions), Mediolanum et Rome [2]).

5. *Olisipo* (Lisbonne)

En 1753, dans les fondements d'une maison située dans le lieu appelé Pedras Negras, l'on découvrit deux pierres avec inscriptions consacrées à la Magna Mater. Elles se trouvent à présent encastrées dans le mur extérieur d'une maison de la Travessa do Almada, à Lisbonne. Nous traiterons d'abord de la plus importante [3]). Il

1) Ces *servi publici* ont été étudiés par A. Domaszewski, *Magna Mater in Latin Inscriptions* dans *JRS* I, 1911, 50 ss.
2) Voir Domaszewski, 53.
3) *CIL* II, 179; Dessau, 4099; L. de Vasconcelos, *RL*, III, 329 s fig. 146; Graillot, 159, 239 et 242; A. Vieira da Silva, *Epigrafia de Olisipo*, Lisboa, 1944, no et fig. 25; J. Carcopino, *Aspects mystiques de la Rome païenne*, Paris, 1942, 60; Lambrino, 10.

s'agit d'une pierre calcaire qui a 47 cm. de hauteur sur 23 de largeur. Voici son inscription: *Matri De|um Mag(nae) Id(a)e|ae Phryg(iae) Fl(avia) | Tyche cerno|phor(a), per M(arcum) Iul(ium) | Cass(ianum?) et Cass(iam) Sev(eram) | M(arco) At(ilio) et Ann(io) Co(n)s(ulibu)s Gal(lo).* Hübner fait observer que le lapidaire, par erreur, a postposé le *nomen* du second consul.

Il s'agit donc d'un monument daté de l'an 108, c'est-à-dire du temps de Trajan. La cernophore Flavia Tyche qui, d'après son *nomen*, pouvait être une esclave déjà affranchie de l'un des Flaviens, présente son offrande à la Magna Mater, dont elle sert le culte. Figurent comme médiateurs M. Iulius Cassianus et Cassia Severa, peut-être avec une charge ou comme prêtres du même culte. Ils étaient tous deux *cives Romani*, mais Cassianus était probablement un affranchi ou un indigène romanisé. Les *cernophoriae* avaient lieu, semble-t-il, un peu avant les sacrifices tauroboliques ou crioboliques. Cette inscription de Lisbonne a l'intérêt d'être l'une des rares inscriptions qui mentionnent cette dignité.

6. *Olisipo* (Lisbonne)

Semblable à la précédente, elle est conservée au même endroit, et a été trouvée à la même date. Elle est en pierre rouge en forme de colonne à fût cylindrique, couronnée d'un grand dé ou plinthe cubique, dont la face frontale porte l'inscription. On dit que le fût appartenait à la même inscription. Le dé mesure 27 × 28 cm. sur la face inscrite [1]).

Voici l'inscription: *Deum Matri | T. Licinius | Amaranthus | v(otum) s(olvit).* T. Licinius Amaranthus semble être également le descendant d'un affranchi. Il est probable que cette inscription est virtuellement contemporaine de son pendant, qui est daté de 108.

7. *Pax Iulia* (Beja)

En 1933 on trouva aux alentours de cette ville, ancienne colonie romaine, l'inscription que nous allons décrire, aujourd'hui au Musée de Belem, où elle est entrée au cours de la même année [2]).

1) *CIL* II, 178; L. de Vasconcelos, *RL*, III, 331 et fig. 147; A. Vieira da Silva, *o.c.*, no 26 et figure; Lambrino, 10.

2) Elle a été publiée par L. de Vasconcelos, *A mãi dos deuses* dans *Broteria* 20, 1935, 255 ss avec figure; *Idem* dans *ArqPort.*, 30, 1938 (publié en 1956), 123; Lambrino, 9 et fig. 3; *AE* 1956, 255.

En voici l'inscription: *M(atri) D(eum) S(acrum)* / *Duo Irinaei,* *pater et* / *fil(ius), criobolati* / *natali suo, sacer(dotibus)* / *Lucio Antist(io) Avito* / *G(aio) Antisti(o) Felicis/simo.*

Il s'agit d'un autel commémoratif d'une cérémonie de criobole de naissance, pour lequel furent initiés un père et un fils; étant prêtres du culte de Pax Iulia: L. Antistius Avitus et G. Antistius Felicissimus. On remarque l'imitation de la date consulaire, qui indique le temps du sacerdoce des deux, cas semblable à celui de Cordoue. Cela n'empêche pas que les deux prêtres aient pu participer à la cérémonie comme dispensateurs du criobole. Père et fils semblent être de condition servile par le fait qu'ils ne portent qu'un seul nom, — mais Lambrino croit plutôt à un *cognomen* commun à deux citoyens romains, ce qui est difficile à admettre, à moins qu'on ne pense à des descendants d'un affranchi. Irinaeus (pour Irenaeus) put être, en effet, le *cognomen* d'un affranchi d'origine orientale. Les prêtres semblent être deux frères, d'après leur *nomen* si peu ordinaire. Ils étaient tous deux *cives romani*, à ce qu'on peut inférer de leurs *tria nomina*. Un *L(ucius) Antistius (A)vitus*, fils d'un autre *L(ucius) Antistius* (manque le *cognomen*) sur l'inscription *CIL* II, 975, de Frejenal de la Sierra, non loin de *Pax Iulia*, pourrait être celui-là même de l'inscription qui nous occupe, puisque *praenomen, nomen* et *cognomen* coïncident.

8. Garlitos

Dans la province de Badajoz, au S. du Guadiana, entre Almaden et Don Benito. Au seuil de l'Ayuntamiento de cette localité on conservait en 1912 une colonne votive d'environ un mètre et demi de hauteur et 28 cm. de diamètre, portant l'inscription suivante: *L(ucius) Tetius Setic/nas. Ma(tri)* / *D(eum) M(agnae) ex v(isu)* / *a(nimo) l(ibens) v(otum) s(olvit).*

Sur le bord de gauche de la partie supérieure de la surface courbe il y a une croix swastica [1]). *Tet(t)ius* figure sur d'autres inscriptions hispaniques. Mais *Seticnas* (si telle est la lecture correcte) est un *cognomen* qui apparaît ici pour la première fois.

9. *Ossonoba* (Faro)

Ville de l'Algarve, au Sud du Portugal. Petit autel trouvé à une

[1) L'inscription a été publiée par F. Fita dans *BRAH* 61, 1912, 155 s.

date inconnue et conservé dans la collection municipale. Selon la référence de L. Wickert [1]) cet autel fut consacré à la Magna Mater pour la célébration d'un criobole. Wickert ne donne pas le texte de l'inscription. Cependant le Professeur Lambrino a eu l'amabilité de me le donner en même temps que les dimensions de l'autel. Celui-ci mesure 0.45 m. de hauteur et 0.25 de largeur à sa base. Quant à l'inscription, voici son contenu selon la copie dont il est fait mention: *M(agnae) D[e]u[m] Matri / L.* (préférable à *M.*) *Agrius / Vo[c]a[tus]* (ou bien *Vo[l]a[mus]* ?) / *sacerd(o)s / crino bo[lium f(ecit)]*. L'inscription se trouve aujourd'hui au Musée de Faro.

10. *Metellinum* (Medellin)

Les sources ne donnent pas avec précision le lieu, mais il est certain que ce fut à proximité de Medellin, l'ancienne *Colonia Metellinensis* [2]).

Les quatre copies de cette inscription diffèrent quant à la transcription des lignes finales, mais non de celles conservées au début, où se manifeste avec évidence le caractère métroaque de cette épigraphe. D'après ce que l'on connaît, il s'agit, semble-t-il, du témoignage d'un taurobole célébré en action de grâce pour la santé et l'heureux retour d'une autre personne (*pro salute et reditu Lupi Alboni filii*).

11. *Capera* (Caparra)

Au Nord de la province de Caceres, Velázquez trouva au XVIIIe siècle un fragment lapidaire avec une dédicace à Cybèle [3]). L'inscription dit: *Matri / Deum / Britta / . . . / . . . /*

12. *Egitania* (Idanha a Vella)

Dans cette localité, ou pour mieux dire dans sa région, qui comprend aussi celle de Castello Branco, dans la province portugaise de Beira Baixa, près de la frontière espagnole, l'on disait, dès le XVIe siècle, que l'on avait trouvé dans un lieu indéterminé l'in-

---

1) L. Wickert dans *Sber. Preuss. Ak. Wiss. (Phil.-Hist. Kl.)* 1931, 8 du tirage à part.
2) L'inscription avait été mentionnée au moins quatre fois par les écrivains du XVIe siècle. Par la suite elle se perdit: *CIL* II, 606; Graillot, 171, 474; Lambrino, 8.
3) *CIL* II, 805; Graillot, 474 s; Lambrino, 8; 12.

scription dont nous allons traiter, et qui l'on considère comme perdue [1]).

L'inscription est ainsi libellée: *P(ublius) Popil(ius) Avitus P(ublii) F(ilius) indul/gentia Pontifici(s) Ig(a)edita/nor(um) locum sepul(cri) / accepi ante /Aed(em) Deae / Magnae Cybeles quam / iratam morte / sensi.* La filiation après le *cognomen* est fréquente dans les peuples peu romanisés.

13. *Mago* (Mahon)

À l'E. de Minorque. Inscription copiée au XVIe siècle, aujourd'hui perdue [2]).

Elle est libellée comme suit: *M(arcus) Badius Honor[atus] / et [?] Cornelius Silv[anus* (ou *-icus* ?)] / *Templum Matri Ma[gnae et] / Atthin(i) de s(ua) p(ecunia) [f(ecerunt)].* Elle est intéressante non seulement parce qu'elle révèle l'existence d'un temple voué à Cybèle dans ce municipe flavien, mais parce qu'elle présente les deux divinités phrygiennes ensemble, cas très rare, du moins en épigraphie [3]). Les deux personnages cités étaient des *cives romani.* Badius est un nom plusieurs fois attesté. Graillot signale la présence à Tarraco d'un Badius Macrinus et d'un Cornelius Silvicus [4]), ce qui est peut-être plus qu'une coïncidence; cependant il serait hasardé d'en tirer des conclusions sérieuses.

14. Monterrey

Monterrey (près de Guinzo de Limia, *Civitas Limicorum*). Dans la paroisse d'Albarellos à une lieu de Monterrey, dans la province d'Orense, près de la frontière portugaise, on avait déjà signalé au

---

1) Elle avait été recueillie déjà par Zurita et puis par Flórez etc. Hübner la donnait un peu à contre-cœur parmi les *falsae sive alienae CIL* II, 57 (idem, *Noticias archeologicas de Portugal*, Lisbonne, 1871, 61) avec la prudente remarque „fortasse genuina". Le Prof. Lambrino, en traitant de la Magna Mater (8 ss), ne la mentionne même pas, mais dans l'ouvrage plus récent de F. de Almeida, *Egitania*, Lisbonne, 1956, auquel Lambrino avait cooperé par ses conseils, cette inscription figure à la page 143 avec le no 5, bien qu'avec les réserves de Hübner. De son côté, L. de Vasconcelos, *RL*, III, 328 ss, ne la reprend pas, ni Graillot non plus.
2) *CIL* II, 3706; Graillot, 473 s; Toutain, II, 74; Lantier, 187.
3) Carthago et Mons: voir Toutain, II, 74.
4) *CIL* II, 4106, 4108, 4297.

XVIIIᵉ siècle une inscription recueillie dans *CIL* II, 2521, qui est la suivante: *Iunoni | [Mat]ris | Deum | (A)emilia | Flavina*.

15. Marco de Canaveses

Localité au bord du Tamega, à 90 km. environ à l'E. d'Oporto. Inscription trouvée dans une maison de campagne près de pont, à une date inconnue. Elle n'a été publiée qu'en 1946. Il s'agit d'un autel votif de granit, de 44 cm. de hauteur et 23 de largeur dans la moulure supérieure; le corps central mesure 19 cm. ¹). L'inscription dit: *Ma(tri) Deu|m. Alb|ula Pa|terna | vo(tum) sol(vit)*. Lambrino donna la préférence à la forme Albuia, qui est possible. Un Albui (génit.): *CIL* II, 473 et *MemMA* 4, 1943, 45, tous deux en Lusitanie. On connaît un Albutius dans la région de Braganza: *CIL* II, 2509. Mais Albula et Albura féminins sont plus courants en Lusitanie: *CIL* II, 73, 341, 853, 1911, 6271. Un Alburus à Léon: *CMLeon*, 78 ss. On emploie la forme archaïque très persistante au N. et au N.-O. de la Péninsule, qui consiste à écrire l'E = II.

16. *Vellica* ? (Monte Cilda)

Près d'Aguilar de Campóo, au N. de la province de Palencia. Autel votif trouvé en 1892 et conservé aujourd'hui au Musée de Comillas (Santander). Il mesure 46 cm. de haut et 26 de large ²). L'inscription dit: *Matri Deum | C(aius) Licinius Cis(s)|us templum | [ex] voto f(ecit) itemque | d(edicavit)*.

La fin de l'avant-dernière ligne et la dernière sont sûres, mais il n'y a pas de certitude quant aux abréviations, car elles n'ont pas été publiées d'une façon explicite. Hübner remarque que Cissus, avec deux *ss*, serait grec, et avec un seul peut-être indigène. D'après le même auteur, qui avait sous les yeux une reproduction *ectypus*, les lettres sont „saeculi fere secundi malis". Il s'agit probablement d'un indigène romanisé qui consacre un temple à la divinité, comme ex-voto.

---

1) A. Pereira Monteiro, *Douro-Litoral*, 2ᵉ Ser. 5, 1946, 73 ss avec photographie (lecture erronée); F. Rusell Cortez, *Panoias*, Porto, 1947, 39; *AE* 1951, no 276; Lambrino, 12.

2) F. Fita l'avait fait connaître dans *BRAH* 20, 1892, 539 no 20. = *EE* 8, 1898, 424 no 160. Sa lecture, incomplète, fut reproduite en entier dans le *Catálogo Monumental de la Provincia de Palencia* III, Palencia, 1939, 216 no 1891.

17. *Aquae Flaviae* (Chaves)

Inscription parue en 1935 dans les travaux de la caserne du Bataillon de Chasseurs no 3, lorsqu'on démolissait des murs de l'édifice antérieur, construit en 1739. Elle se trouve aujourd'hui au Musée de Chaves. Il s'agit d'un autel de 80 × 30 × 44 cm. [1]). L'inscription est ainsi conçue: *Matri Deum Gelasius [et] Caesaria.* Probablement deux esclaves.

18. *Legio VII Gemina* (Léon)

Inscription en marbre noir trouvée par hasard en 1911, lorsqu'on démolissait les ateliers de construction de la cathédrale avec la muraille annexe [2]). L'inscription est conservée en deux morceaux, et entre leurs deux lignes de rupture verticales une zone a été perdue. L'interprétation de Fita est très hasardeuse, et diffère pour l'essentiel de celle de G. Moreno, qui lit d'une autre façon même les parties conservées. Selon celui-ci il s'agirait probablement d'une dédicace à Julia Domna, à Caracalla et peut-être aussi à Geta, dont les noms ont été effacés par piquage.

1) Publié par M. Cardozo, *Algunas Inscriçóes da regiåo de Chaves,* Chaves, 1943, 11 no 2; F. Rusell Cortez, *Panóias,* Porto, 1947, 40 = *AEp* 1951, 278; Lambrino, 12; Rusell Cortez, *Lapides romanas do Museu de Chaves* dans *Viriatis* 1, 1957, 101 no 3, avec figure.

2) F. Fita dans *BRAH* 58, 1911, 229 = *AE* 1911, no 94; P. Paris dans *AA* 1912, 466; *CMLeón,* 52.

CHAPITRE V

ATTIS

De cette divinité secondaire si étroitement liée à Cybèle, nous connaissons dans la Péninsule Ibérique (fig. 3) environ vingt-cinq représentations, mais seulement deux inscriptions qui en font mention explicite: l'une, la dalle du Cerro de Cabeza de Griego, l'ancienne *Segobriga* (no 26) et, l'autre, celle de Mahón, dans laquelle on mentionne un temple dédié à la Magna Mater et à son *paredros* Attis (voir p. 53, no 13).

Lesdites figures la représentent toutes sous le même aspect; cependant, nous avons pu les diviser en deux groupes principaux et en un troisième secondaire. Certaines sont en marbre, d'autres en pierre courante, en bronze ou en terre cuite. Dans toutes le caractère essentiellement funéraire est évident, soit qu'elles proviennent de nécropoles (p. ex. Carmona), soit parce qu'elles ornaient des édifices funéraires (p. ex la dénommée ,,Tumba de los Escipiones'' à Tarragone) ou des stèles (Mérida). Il n'est pas aisé d'attribuer une date précise à ces témoignages. Nous pouvons seulement affirmer qu'ils appartiennent tous à l'époque impériale et même supposer que les représentations de Carmona (nos 3, 4, et 11) pour provenir de la nécropole, doivent être des temps Julii-Claudii. En tout cas on peut en inférer que le culte rendu à Attis fut introduit par celui de la Magna Mater, auquel il est si intimement uni.

Groupe A

Ce groupe représente Attis debout, vêtu à l'orientale avec un large pantalon serré aux jambes et coiffé du bonnet phrygien. Son attitude est pensive et mélancolique: il porte la main droite au menton et appuie le bras gauche sur l'abdomen. La jambe gauche est croisée sur la droite qui supporte seule le poids du corps. Il est chaussé de brodequins. Des épaules, et non pas toujours visible, un grand manteau tombe jusqu'au sol. De ce type, le plus courant en Espagne, nous connaissons onze pièces (avec certaines variantes,

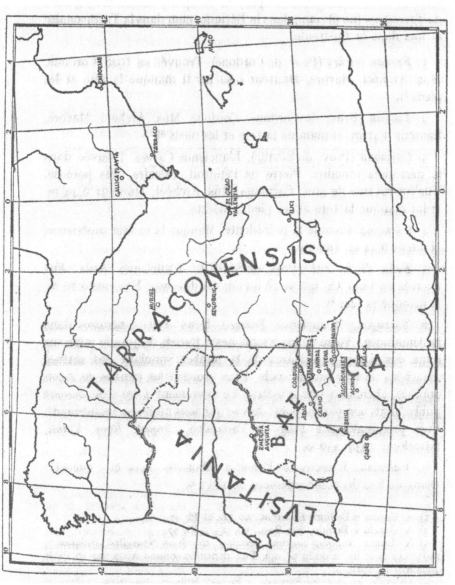

Fig. 3. Lieux connus du culte d'Attis dans la Péninsule Ibérique.
Les noms soulignés sont actuels.

comme celle qui croise la jambe droite sur la gauche, ou qui introduit des différences dans les plis) en comptant la double figurine
de Tarragone (no 6) : cinq dans la Bétique ; cinq dans la Tarraconaise
et une dans la Lusitanie.

1. *Fernán Nuñez* (Prov. de Cordoue). Trouvée en 1928. Cordoue,
Mus. Archéol. Marbre. Hauteur 0,52 m. Il manque la tête et les
pieds [1]).

2. *Lucena* (Prov. de Cordoue) Cordoue, Mus. Archéol. Marbre,
hauteur 0,41 m. Il manque la tête et les pieds [2]).

3. *Carmona* (Prov. de Séville). L'ancienne *Carmo*. Trouvée dans
la nécropole romaine. Pierre de l'endroit, calcaire, très poreuse.
Elle fut revêtue de stuc. Carmona, Mus. Archéol. Hauteur 0,49 m.
Il lui manque la tête et les pieds. Inédite.

4. *Carmona*. Comme la précédente. Manque la moitié supérieure.
Hauteur 0,42 m. Inédite.

5. *Peña de la Sal* (Prov. de Séville). L'ancienne Arva. Fut
trouvée en 1890. On ignore ce qu'elle est devenue. Hauteur 0.80 m.
Il manque la tête [3]).

6. *Tarragona*. L'ancienne *Tarraco*. Deux Attis funéraires dans
la dénommée ,,Torre de los Escipiones''. Reliefs de grande taille sur
l'une des parois extérieures de la tombe. Simulant des statues
détachées de leur propre socle. Elles croisent les jambes de façon
opposée, cherchant une symétrie. Le monument a été très souvent
publié, mais non pas du point de vue qui nous intéresse maintenant.
Voir principalement Puig et Cadafalch, *Arquit. Rom. Catal.*,
Barcelone, 1934, 136 ss.

7. *Valencia*. L'ancienne *Valentia*. Trouvée dans la ,,huerta''.
Disparut lors du bombardement de 1813 [4]).

1) A. García y Bellido, *Esc.Rom.*, no 124 et Pl. 97.
2) A. García y Bellido, *Esc.Rom.*, no 123 et Pl. 97.
3) A. Engel, *Rapport sur une Mission, etc.* dans *Nouvelles Archives* 3,
1892, 147 ss et fig. 2 de la p. 148. Fut identifiée comme Attis par P. Paris
dans *RA* 24, 1914, 2.
4) Laborde, *Voyage de l'Espagne*, I, Pl. 99c; Hübner, *Ant.Bildw.*, 228, n. 2;
Reinach, *Rép.*, II, 471, 3; Albertini, *Sculpt. ant. du Conventus Tarrac.* dans
Anuari de l'Inst. Est. Catal., 4, 1911-2, no 21 et fig. 28.

8. *El Grao*, près de Valence. Le port même de cette ville. Trouvée en 1865. Calcaire grossier provenant du pays. Hauteur 0,95 m. Musée Bellas Artes de Valence [1]).

9. *Fraga* (Prov. de Zaragoza). L'ancienne *Gallica Flavia* (?). Trouvée dans la ville romaine que l'on a commencé à fouiller en 1926. Marbre, statue complète. Nous ignorons ses dimensions et ce qu'il est devenu [2]). On ne se rendit pas compte que cet Attis revêt un caractère funéraire.

10. *Mérida* (Prov. de Badajoz). L'ancienne *Emerita Augusta*. Relief de marbre ornant la stèle funéraire d'un enfant de cinq ans (Mérida, Mus. Arch.). Près de la figure de l'enfant, celle d'Attis qui, ici, croise la jambe droite sur la gauche. Probablement du IIe siècle [3]).

Groupe B

J'ai réuni dans ce groupe divers types d'Attis représenté en général par des figures en attitudes distinctes de celles du groupe précédent.

11. *Carmona* (Prov. de Séville) l'ancienne *Carmo*. Trouvée dans la nécropole en 1883 (Carmona, Mus. Archéol.). Pierre du lieu, poreuse, hauteur 0,48 m. Identique au type A, sauf quelle se dresse sur les deux jambes. Il lui manque une partie de la tête et elle se trouve sur un socle [4]).

12. *Algodonales* (Province de Séville). Trouvée en 1944 (Séville, Mus. Archéol.); marbre; hauteur 0,62 m. Il manque la tête et les pieds. C'est peut-être la meilleure de toutes les représentations de cette déité trouvées en Espagne. Les jambes sont droites et parallèles, les bras se rapprochent, unissant leurs mains sur le ventre [5]).

1) Albertini, *o.c.*, no 27 et fig. 21; Gómez Moreno y Pijoán, *Materiales*, no 38; *Historia de España* (éd. Espasa-Calpe), II², 1955, fig. 245 (Mélida).
2) Galiay, *Corona de Estudios*, Madrid, 1941, Pl. 8; J. de C. Serra-Rafols dans *Ampurias* 5, 1943, Pl. 17, 1.
3) A. García y Bellido, *Esc.Rom.*, no 321, Pl. 253.
4) G. E. Bonsor, *The archaeological sketch-book of the roman necropole of Carmona*, New York, 1931, Pl. 32 (dessin) croit qu'il s'agit d'une représentation d'un esclave dans l'attitude de Mithras (?); Collantes, *Catálogo Arqueológico y Artístico de la Provincia de Sevilla*, II, Séville, 1943, fig. 113.
5) A. García y Bellido, *Esc.Rom.*, no 125, Pl. 97.

13. *Valence.* L'ancienne *Valentia.* Trouvée dans la ,,huerta" et perdue lors du bombardement de 1813, avec le no 7. Figure nue, debout, avec le bonnet phrygien et les jambes croisées à la manière du groupe A, mais ici on a suivi de près des modèles praxitéliens, à tel point qu'il pourrait être question d'un Paris. Il lui manque les bras, qui devaient tomber le long du corps en esquissant une légère flexion [1]).

14. *Cadiz.* L'ancienne *Gades.* Trouvée dans la mer à douze m. de profondeur, près de l'île de Sanctipetri, en 1905 (Madrid, Mus. Arch.). Bronze; hauteur 0,50 m. Il lève le bras gauche, dont la main devait empoigner la houlette des bergers, et avance le droit qui devait peut-être tenir le tambourin. Les jambes couvertes d'un pantalon à crevés dans le bras; la partie supérieure du corps, nue au-delà même de l'aine, laisse à découvert le sexe enfantin [2]).

15. *Ampurias* (Prov. de Gérone). Ancienne *Emporiae.* Sarcophage des Saisons trouvé en 1846. Gerona, Musée Archéologique [3]). L'une des figures de ce sarcophage répète le type d'Attis, tel qu'il apparaît sur la statuette de Cádiz (no 14), mais ici, il se couvre la tête à la manière d'Hiems, faisant ainsi allusion à la saison pendant laquelle la nature paraît être en léthargie.

16. *Lebrija* (Prov. de Séville). L'ancienne *Nabrissa.* En faisant certains travaux au cours du XVIIe siècle, on trouva des pavés mosaïques et plusieurs colonnes dans l'une desquelles, placée dans une niche, la figurine d'Attis en bronze qui à en juger par la description minutieuse de Rodrigo Caro, était du type d'Attis enfant entièrement vêtu, portant un costume serré et un pantalon, mais ouvert sur le devant et laissant voir les organes génitaux. Les bras étaient collés à la poitrine, la tête baissée et l'air sombre. Derrière et partant du cou, pendait un manteau. La figurine était adossée à une plaque de bronze [4]).

1) Comme le no 7: Laborde, *o.c.*, fig. A; Hübner, *l.c.*, Reinach, *Rép.*, II, 472, 8; Albertini, 18, fig. 24; A. Balil dans *AEArq.*, 28, 1955, 128.

2) Pour le type cf. Reinach, *Rép. Stat.*, I, 184, 3; *CMCádiz* 99, fig. 56; A. García y Bellido, *Esc.Rom.*, no 126, Pl. 97 et *AEArq.*, 36, 1964, 88 fig. 13.

3) A. García y Bellido, *Esc.Rom.*, no 271, Pls 218-219 avec la bibliographie précédente.

4) R. Caro, *Antigüedades de Sevilla*, Séville, 1634 f. 119; Ceán Bermúdez,

17. *Málaga*. L'ancienne *Malaca*. Figure de pierre trouvée dans les fouilles du théâtre romain faites en 1960. C'est une pièce de bonne facture. J'ignore les circonstances qui ont présidé à sa découverte. D'après les photographies, et pour ce qui est conservé, il semble qu'il s'agit d'une représentation de 0.90 m de haut. Elle montre Attis sous les traits d'un adolescent, debout, le bras gauche sur le ventre et le droit levé, de sorte que l'avant-bras se trouve caché. Il porte un chiton avec des manches, qui devait arriver jusqu'aux genoux. Il manque les deux jambes. Pièce de bonne facture [1]).

Groupe C

Nous réunissons dans ce groupe les nombreux bustes d'Attis enfant ou adulte, faits de bronze, de pierre ou de terre, trouvés en diverses parties de la Péninsule. Il porte le bonnet phrygien et le manteau noué sur la poitrine ou sur l'épaule. En certains cas il fait penser aussi à Ganymède ou à Paris, mais je crois en général qu'il s'agit d'Attis. Ils n'offrent rien de spécial; pour cette raison, je me bornerai à les mentionner et à indiquer leur provenance.

18. *Cordoue*. Partie supérieure d'une tête en terre cuite rouge, de patine jaunâtre. Ce qui est conservé mesure 14 cm. Elle fut trouvée dans le périmètre de la nécropole romaine de la Puerta Osario, l'actuelle Avenida de América, fin janvier 1948 (Cordoue, Musée Archéologique, Inv. no 1056). Son lieu d'origine nous assure de son caractère d'Attis funéraire [2]).

19. *Cordoue*. Buste en bronze. Hauteur 5,9 cm. Patine moirâtre. Orifice dans la partie supérieure du bonnet phrygien. On dit qu'il fut trouvé à Cordoue et il est conservé actuellement au Musée Archéologique de cette ville sous le no 7456. Inédit.

20. *Zambra* (Prov. de Cordoue). L'ancienne *Cisimbrium*. Bronze semblable au précédent et conservé au même Musée sous le no 12455. Servit d'applique. Hauteur 5 cm.

Sumario de las antigüedades, Madrid, 1832, 267 (de R. Caro); E. Hübner, *Ant. Bildw.*, 319 l'a reconnu comme Attis.
1) A. García y Bellido dans *AEArq*. 36, 1963, 184 no 6 fig. 7.
2) S. Santos Gener dans *MMAP* 9-10, 1948-1949, 56, no 5.

21. *Montilla* (Prov. de Cordoue). L'ancienne *Munda*. Buste en bronze trouvé au Molinillo, à deux km. de Montilla. En 1911 il se trouvait entre les mains d'un particulier de Cordoue. Il restait des traces argentées sur la tête et sur le manteau. Par la partie creuse de section quadrangulaire qui sort de l'épaule, nous pouvons en inférer qu'il s'agit d'une pièce d'applique. On trouva aussi sur les mêmes lieux, des murs, des mosaïques et des débris de statues en marbre, que je ne connais pas [1]).

22. *Ronda* (Prov. de Málaga). Anciennement *Acinipo*, près de Ronda, au lieu dit Ronda la Vieja (La Ronda actuelle est l'ancienne *Arunda*). Notice d'une pièce d'applique qui se trouvait (1954) entre les mains d'un particulier.

23. *Tarragona*. Buste en pierre trouvé dans le cimetière paléochrétien; pour cela même, l'identification de cette pièce comme Attis peut être tenue pour sûre [2]).

24. *Muriel* (Prov. de Guadalajara). À Payato de Peñacabra on trouva ce bronze, qui fit partie de l'attelage d'un char. Madrid, Musée Archéologique [3]).

25. *Elche* (Prov. d'Alicante). L'ancienne *Ilici*. Tête en marbre, hauteur 13 cm. Trouvée par hasard dans le Bosquet vers 1915-20. Musée Municipal d'Elche. Inédite.

Inscriptions.

26. *Cabeza de Griego* (prés d'Uclés, prov. de Cuenca). L'ancienne *Segobriga*. Inscription double sur une même stèle. Elle apparut complète et, comme telle, P. Quintero la publia. Elle passa ensuite au Musée Archéologique de Madrid où elle se conserve, mutilée. Je m'en réfère à la lecture de Quintero, qui paraît exacte, selon la confrontation avec la partie conservée. Dans le carré supérieur: *Atthidi. | M. Manli(vs) | Grassi V[erna?] | Anancletvs | Contvbernali.* Le *V* de *V[erna?]* existant seulement dans la partie inférieure du V.

---

1) E. Romero de Torres dans *BRAH* 58, 1911, 76 ss avec figure.
2) Tulla, Bertrán y Oliva dans *Mem.* 88 *de la JSExc.*, 1927, 66, no 69 et Pl. X; B. A. Balil dans *AEArq.*, 28, 1955, 128.
2) A. García y Bellido, *Esc.Rom.*, no 478, Pl. 334; A. Fernández de Avilés dans *AEArq.*, 31, 1958, 32 s et fig. 12.

Dans le carré inférieur: *Aemilla | Dercino. Cvm | Attide Sva | S(it).*
T(ibi). T(erra). L(evis).

Il s'agit donc d'une dédicace votive à Atthis (avec *h*) et d'une
autre funéraire avec le nom d'Attis (sans *h*) d'une esclave [1]).

Addenda

Malaca (Málaga). Figure de pierre trouvée dans le théatre romain,
comme le no 17. Hauteur 0.40 m. [2])

1) P. Quintero, *Uclés*, II, Cadiz, 1913, 103, no 13 et figure complète sur la
gravure qui lui fait face à la p. 102.
2) A. García y Bellido dans *AEArq*. 36, 1963, 183 no 5 fig. 6.

CHAPITRE VI

MÂ-BELLONA

Les témoignages de Bellona connus dans la Péninsule (fig. 4) ne dépassent pas à présent une douzaine. Tous sont votifs et tous procèdent de la même région: Trujillo, l'antique *Turgalium*. Lesdits témoignages sont de piètre valeur et ne font mention que du nom de la déité au datif, alors que celui du donateur figure au nominatif. Ces derniers sont des gens simples: indigènes ou esclaves. Un seul nom de femme a été relevé [1]).

1. Madroñera au sud-est de Trujillo. Pierre granitique de 55 cm. de hauteur et 30 cm. de largeur à la base. Il s'agit d'un autel avec son *focus* rond parfaitement conservé et ses deux *cornua* assez abîmées. La partie frontale nous laisse voir de petits triangles et quelques oves. L'inscription placée au-dessous dit: *Bello(a)e | Munatia | Mansueta | v(otum) | s(olvit) l(ibens) a(nimo)*.

Munatis et *Munatia* est fréquemment cité dans le *CIL* II.

2. Il y a peu de temps on trouva à Madroñera une autre inscription dédiée à Bellona. Elle paraît provenir du même sanctuaire ou d'un lieu proche de cette petite ville d'Extremadure [2]). Autel de pierre granitique de 94 cm. de hauteur, 22 cm. d'épaisseur, 33 cm. de largeur et 25 au milieu. Il conserve, intactes, ses *cornua* et les triangles qui, tout comme des frontons, les unissent sur leurs deux faces antérieure et postérieure. L'inscription dit ceci: *Saturni| nus To|nci [f(ilius)] Bell|ona(e) | v(otum) l(ibens) p(osuit)* [3]). Ajouté *filius* à la 3e ligne, mais nous faisons remarquer que dans l'inscription il n'y a aucun indice de cet F, qui ne dut pas exister.

1) Ces témoignages furent recueillis et publiés par moi dans un bref article paru en 1956 dans la *Revista de la Universidad de Madrid*, V, no 20. Restent, comme faits nouveaux, les renseignements des nos 8 et 9.

2) Elle fut portée à la connaissance des investigateurs par R. Fernández Oxea dans *BRAH* 128, 1951, 175, no VIII et fig. 8.

3) *CIL* II, 5277; F. Fita la publia de nouveau selon un dessin conservé dans l'Académie de l'Histoire (*BRAH* 26, 1895, 397 ss). Hübner l'incorpora ensuite aux suppléments des *EE* 8, 1899, 377 n. 69.

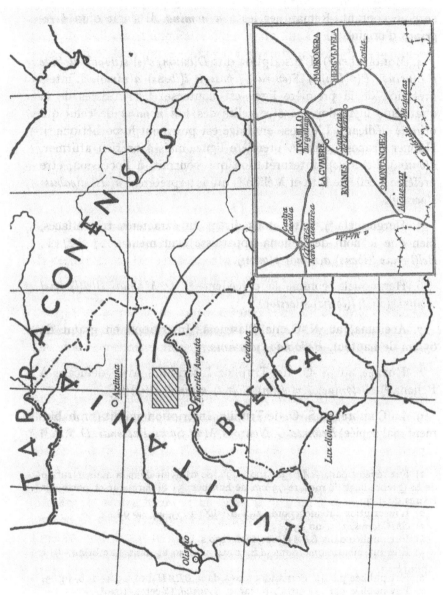

Fig. 4. Lieux connus du culte de Mâ-Bellona dans la Péninsule Ibérique

3. Trujillo. Fut trouvée, en 1845 dans le château de Trujillo, à l'endroit appelé El Espolón. L'inscription est la suivante: *Bel(l)on(a)/e C(aius) Iul/ius Vitu/lus ar/[am pos(uit)]*. *Vitulus* est un surnom courant. Remarquer les *tria nomina*. Il s'agit d'un *peregrinus* d'origine.

4. Montánchez [1]). L'inscription dit: *D(onum) d(e) s(uo) / Bello/nae / L(ucius) P(ublicius) S(everus) / posu/it l(ibens) a(nimo)*. L'interprétation de la première ligne est douteuse. Les initiales de la quatrième ligne doivent être celles des *tria nomina* de celui qui offre la dédicace. L'exposé envisagé est purement hypothétique [2]). Hübner propose pour la première ligne, mais sans rien affirmer, *d(onum) d(e) s(uo)*, interprétation qui pourrait, à l'occasion, être préférée à celle de Fita et Mélida [3]) qui interprétèrent *d(iis) d(eabus) s(acrum)*.

5. Herguijuela [4]). Elles nous disent en caractères très effacés, bien que le nom de Bellona apparaisse clairement ... / ... / ... *Bel(l)onae l(ibens) a(nimo) p(osuit)*.

6. Herguijuela, comme la précédente [5]). *Q. Ma/ntai B/el(l)onae/ v(otum) s(olvit) l(ibens) m(erito)*.

7. Aceituna, au N.-O. de Plasencia. Inscription en granit de 65 cm de hauteur. *Bello/nae / uru/unis*.

8. Ruanes, au S.-O. de Trujillo. Inscription avec dédicace à Bellona [6]). *Belon(ae) / v(otum) s(olvit) a(nimo) [l(ibens)]*.

9. La Cumbre, au S.-O. de Trujillo. Inscription qui dit (probablement mal copiée) *Belonae. C. Noarcus. Mac. Sacri. Faciendi. D.S.P.* [7])

---

1) Fut révélée par *BRAH* 38, 1901, 498. Se trouvait dans la maison rurale de la Quebrada. Elle mesure 73 cm de hauteur, 51 de largueur et porte des lettres de 9 cm.
2) L'inscription fut incorporée aux *EE* IX, 1903, 44, no 98.
3) *CMCáceres*, 183, no 433.
4) Fut publiée dans *BRAH* 44, 1904, 130 s.
5) Elle fut mentionnée dans *AE*, 1904, no 159 et dans Lambrino, *Div. Lus.*, 11.
6) Fut publiée par R. Fernández Oxea dans *BRAH* 150, 1962, 128, fig. 5.
7) Fut publiée par le Père C. Naranjo, *Trujillo*, Cáceres, 1929[2].

Ce qui précède nous offre un résumé des inscriptions de Bellona, connues à présent, dans l'antique Hispania. Mais il reste en suspens quelques points dignes d'intérêt.

Quelle raison peut avoir motivé qu'un culte aussi étrange que celui de Bellona et originaire d'une terre aussi lointaine, soit venu s'implanter dans cette contrée restreinte qu'est la Lusitanie? Car une de ses particularités les plus curieuses consiste dans le fait qu'il s'est concentré en un seul lieu et que son rayon d'action n'a jamais excédé 20 km. En effet, les neuf inscriptions connues de Bellona sont originaires de localités situées dans le voisinage les unes des autres et quatre d'entre elles proviennent de deux mêmes endroits. Cela demande une explication.

En premier lieu, il ne faut pas négliger un fait, c'est que les noms grecs d'esclaves et d'affranchis orientaux sont fréquents dans toute la zone du Guadiana inférieur. La statistique de ce phénomène n'a pas été établie et cependant l'utilité de cette étude est manifeste.

Le fait devient évident lorsqu'on se familiarise avec l'épigraphie de cette région. De tels éléments orientaux purent créer un milieu ambiant propre au développement d'une croyance comme celle de Mâ-Bellona, tout comme d'autres peuplades orientales favorisèrent l'entrée en Espagne de cultes comme ceux de Mithras, Sabazios, Aphrodite d'Aphrodisias, Sérapis, Isis, la Magna Mater, etc.... On doit cependant faire remarquer l'absence totale de noms d'affranchis ou d'esclaves orientaux sur la liste des noms relevés aujourd'hui sur ces dalles. De même il est intéressant de souligner que le premier témoignage que nous ayons en Espagne d'un culte rendu à Sérapis procède précisément de cette même zone, dont les limites sont circonscrites par le campement romain que Caecilius Metellus établit près de Cáceres en 79-78. Dans ce lieu campèrent deux légions, c'est-à-dire de 10 à 12.000 hommes, dont une partie devait venir du sud de l'Italie et de la Sicile, où le culte de Sérapis pénétra de bonne heure et où nous savons qu'il y avait déjà non seulement des colonies de Cappadociens, de l'une desquelles surgit l'inspiré qui prédit à Sylla son triomphe sur Mario (Plut., *Sylla*, 27, 6), mais aussi grand nombre de soldats de Sylla qui combattirent Mithridate en Asie. On sait que Metellus fut partisan de Sylla contre Marius et que pour l'année 80, il fut nommé consul avec celui-là.

Bien que l'on ne puisse rien affirmer, j'oserais avancer comme ma propre conviction que le développement insolite d'un culte aussi particulier que celui de Mâ-Bellona, dans une aire réduite et dans le voisinage de ce qui fut le campement de Metellus, doit être en relation avec les légions que celui-ci amena en Espagne et, d'une façon plus concrète, avec celles établies à Castra Caecilia qui, d'autre part, introduisirent, nous le répétons, un culte comme celui de Sérapis, probablement presque inconnu alors dans cette région au commencement du Ier siècle av. J.-C. Le seul personnage cappadocien connu dans la Péninsule est précisément [1]) de cette même région lusitanienne, de Lisbonne.

Nous pouvons aussi supposer que derrière ce culte rendu à Bellona s'en soit dissimulé un autre indigène, caractéristique du pays. Dans ce cas, Bellona serait l'hypostase d'une déité lusitanienne. Parmi les rares textes se référant aux formes religieuses des Lusitaniens et des Celtes du centre de la Péninsule durant l'époque préromaine (commencement de la romanisation), quelques-unes de ces notices dues à Posidonios et recueillies par Strabon, nous parlent d'une déité lusitanienne de la guerre semblable à l'Arès grec et au Mars romain, auquel on sacrifiait non seulement des animaux, mais aussi des captifs (Strabon III 3, 7). Nous ignorons son nom et ne savons pas non plus s'il allait de pair avec une autre déité. Mais dans un passage du même Strabon (III 4, 17) apparaît une autre déesse féminine très connue chez les Celtes, à laquelle ils rendaient un culte durant les nuits de pleine lune, dansant jusqu'au matin devant leur maison. Cette divinité, sans aucun doute la lune elle-même, était innommée, taboue, ainsi que nous en informe le même texte. Elle devait présenter quelque ressemblance avec Mâ-Bellona, laquelle, pour les Grecs, s'identifiait avec Séléné et Artémis, selon ce que nous apprend Plutarque lorsqu'il nous parle de la déesse de Komana (Plut., *Sylla*, 9). Cette coïncidence est importante et acquiert encore plus de valeur si nous remarquons que la déité lunaire innommée des Celtes de l'intérieur de la Péninsule, tout comme celle du Cappadoce, était vénérée par les danses qui, dans le culte péninsulaire, revêtaient des formes orgiastiques

1) *CIL* II, 224.

similaires à celles de Komana. Son caractère nocturne et populaire y incitait. Je me crois donc autorisé à dire que dans la Bellona des inscriptions lusitaniennes des environs de Trujillo se cache une déité identique lusitanienne ou celtico-lusitanienne, ce qui expliquerait le fait singulier de la seule et unique présence de Bellona dans ce coin de la Péninsule.

J'eus confirmation de mes soupçons peu après avoir écrit ces lignes, par deux inscriptions dédiées à *Lux Divina* et trouvées précisément dans la même contrée, c'est-à-dire dans celle-là même de Trujillo, concrètement à Santa Cruz de la Sierra, situé à 17 km au sud de Trujillo, entre Montánchez, au sud-est et Madroñera, au nord-ouest, presque au centre géographique de la région que nous pourrions appeler de Bellona. En cet endroit, on trouva au XVIIIe siècle les deux seules inscriptions dédiées à *Lux Divina*, qui soient connues dans la Péninsule, l'une d'un *peregrinus* [1]), l'autre d'un citoyen romain [2]).

À ce propos, un texte de Strabon, auquel il ne paraissait pas opportun jusqu'alors d'attacher d'importance, vient éclairer singulièrement nos recherches quant aux inscriptions de Bellona trouvées dans la région de Trujillo. Strabon, en le prenant de Posidonius ou d'Artémidore, mentionne dans les environs de Sanlúcar de Barrameda (l'*Ebura* du texte) un sanctuaire dédié à Phosphoros, appelé aussi *Lux Divina* (Strabon III 1, 9). Or, cette déité *Lux*, avec ladite épithète *Divina* n'est connue qu'en Espagne, ainsi que j'ai pu le constater. Ceci permettrait d'avancer que la mention incertaine de *Lux* (sans épithète) sur la "lápida polythea" de Caldas de Vizella [3]) est, probablement, correcte; nous aurions ainsi un témoignage de plus, celui-là situé entre Oporto et Braga, au nord du Duero.

Il faut cependant faire effort pour arriver à assimiler la *Lux Divina* de Sanlúcar à celle des inscriptions de Santa Cruz de la Sierra. En premier lieu, nous avançons que la *Lux Divina* de Sanlúcar est une *emendatio* faite au texte de Strabon arrivé jusqu'à nous, où se lisait auparavant λοῦκεμ δουβίαν. Mais si nous admettons

1) *CIL* II, 676.
2) *CIL* II, 677.
3) *CIL* II, 2407.

comme parfaitement probable ladite *emendatio*, le problème de son rapport avec Phosphoros, bien évident dans le texte (καὶ τὸ τῆς Φωσφόρου ἱερὸν, ἣν καλοῦσι Λοῦκεμ διουῖναμ) n'en reste pas moins à l'étude. Tous ceux qui ont commenté ce passage ont interprété cette désignation comme une allusion à la planète Vénus, l'étoile du matin, équivalente en tout et pour tout de l'épithète latine Lucifer, mais je crois maintenant qu'il s'agit plutôt d'une allusion à la Lune comme messagère du soleil et du jour, surtout dans la période où elle se lève tard. Ceci est confirmé par l'existence d'invocations à la Lune comme Lucifer. Il est ainsi dans une dalle d'Apulum dans la Dacie [1]) et dans une autre de Colognola, près de Vérone[2]). L'épithète, d'autre part, est parfaitement justifiée, puisque la Lune, avec plus de raison encore que n'importe quel autre astre après le Soleil, mérite l'adjectif de ,,lucifère'', celle qui porte la lumière. Rien de ce qui précède ne peut cependant être affirmé avec certitude et, par conséquent, la question ne doit être considérée qu'en tant que matière à réflexion.

1) *CIL* III, 1097 = Dessau, 3946.
2) *CIL* V, 3224 = Dessau, 3247.

CHAPITRE VII

APHRODITE d'APHRODISIAS

L'Artemis Éphésia, de même que l'Aphrodite d'Aphrodisias, n'est qu'un des aspects locaux d'invocations à la grande déité orientale de Cybèle (Magna Mater). Formes particulières du culte, d'une part; mélanges de conceptions diverses, d'autre part, firent qu'à Éphèse, tout autant qu'à Aphrodisias, l'idée de la fécondité, fondamentale dans la déité de l'Asie Mineure, se présenta sous des formes et des symboles divers. De cette déesse, nous ne possédons dans la Péninsule d'autre témoignage que la sculpture trouvée dans un potager de Beringel, Baixo Alentejo (Portugal) vers 1923, laquelle sculpture taillée dans un marbre blanc de 0.125 m. de hauteur se trouve actuellement au musée régional de Beja. Beaucoup d'autres vestiges de l'époque romaine apparurent au même lieu; de plus, des ruines non excavées laissent supposer qu'il s'agit peut-être d'une villa [1]).

Il s'agit de la partie inférieure d'une image d'Aphrodite d'Aphrodisias. Trois zones s'offrent à notre vue; elles représentent les scènes suivantes énumérées de haut en bas:

a) Les trois Charites debout, nues, se tenant par l'épaule suivant l'usage. De chaque côté, deux cornes d'abondance, dont les Grâces des parties extrêmes prennent quelques fruits.

b) Dans la zone médiane, une Néréide sur un hippocampe ou, mieux encore, Aphrodite comme déesse de la mer chevauchant un bélier marin; derrière saute un dauphin.

c) La zone inférieure montre trois Erotes ailés avec des grappes à la main.

L'ensemble présente l'aspect d'un tronc de cône renversé, des deux côtés duquel tombent, avec une rigidité archaïque, quelques-uns des plis du manteau qui couvrait le personnage, ainsi qu'il se

---

1) Le fait fut porté à la connaissance des investigateurs par Abel Viana et donna lieu à une étude que je publiai dans *Archivo de Prehistoria Levantina* IV, 1953, 219 ss.

voit dans les morceaux les mieux conservés. On peut donc en déduire que dans ledit morceau la partie supérieure manque, celle qui contiendrait les bustes d'Hélios et Séléné (Arès et Aphrodite, selon des hypothèses peu dignes de foi). De même, il manque les extrémités du chiton, ou tunique intérieure qui devait recouvrir les pieds, qui reposeraient vraisemblablement sur une plinthe, sur le devant de laquelle figureraient deux colombes affrontées soutenant une guirlande de leur bec.

CHAPITRE VIII

SABAZIOS

À propos du culte rendu en Hispania à Sabazios, l'étrange
divinité thraco-phrygienne, notre principale source d'information
vient des plaques de bronze argenté trouvées dans un tombeau
enfantin de l'ancienne colonie grecque d'*Emporion* (près de l'actuelle
Ampurias, qui a conservé son nom), au N.-O. de la Péninsule.
Cette religion — si réellement il y en a eu une — n'a pas été très
répandue en Occident. On ne s'étonnera donc pas si, au monument
d'*Emporium*, nous ne pouvons joindre en Espagne que celui
d'Elche, l'ancienne *Ilici*, sur la côte S.-E. de la Péninsule. Ne
connaissant aucune inscription relative à cette croyance ailleurs,
et n'ayant pas d'autres sources d'information, il faut nous contenter
pour l'instant de ces deux témoignages, auxquels nous avions
consacré une étude circonstanciée en 1953, étude à laquelle nous
renvoyons pour les détails (voir plus loin la bibliographie relative
aux plaques d'*Emporium*).

1. *Les plaques de bronze à Emporion*

À une date antérieure à 1908, on a trouvé à *Emporion* (l'actuelle
Ampurias) deux plaques en bronze, argentées, que le Musée de
Gérone acquit en mars 1908. Elles provenaient d'une nécropole
romaine située à l'ouest de la ville ibéro-romaine, près et en face
de l'actuel cimetière de San Martin d'Ampurias et de Cinc Claus.
Des vestiges du tombeau sont encore visibles près du mur de
l'enclos, dans la partie qui limite le terrain appelé du Gall. Il y avait
d'autres tombeaux semblables dans ce même lieu, qui tous ont
été pillés. À l'intérieur d'un tombeau d'inhumation formé par une
petite niche en forme de cube revêtue de stuc, qui reposait sur un
podium à deux marches, on trouva une urne cylindrique en plomb,
avec un tube en forme de cône tronqué sur le couvercle. Elle
contenait des os d'enfant et les restes d'un récipient ou ampoule à

onguent, en verre ordinaire, presque sphérique. Les deux plaques en bronze repoussé étaient enroulées à côté de l'urne [1]).

Ces deux plaques faisaient partie d'un même objet, que l'on avait supposé être une boîte, mais qui dû former, comme nous

Fig. 5a. Plaque d'*Emporion* avec l'image de Sabazios

verrons plus loin, une sorte de triptyque. En tout cas les plaques présentent certains orifices, sans doute de clous. Leurs dimensions sont: 0,318 m. de hauteur sur 0,275 m. de largeur pour la plus

1) M. Cazurro dans *Anuari del Instit. Estudios Catal.*, 1908, 564 ss; P. Paris dans *BullHisp.*, 1913, 141 = *AA* 1912, 457 s; Seyrig dans *Syria*, 1929, 323; A. Bruhl dans *RA* 36, 1932, 35 ss; Oliva dans *MMAP* 10, 1949, 271; A. García y Bellido, *Una deidad oriental en la España Romana. El culto a Sabazios* dans *RevUniv. Madrid*, I, 1953, 345 ss.

grande, — et 0,30 m. de hauteur sur 0,14 m. de largeur pour la plus petite. Elles sont en bronze, portant des ornements repoussés, et elles étaient autrefois argentées.

La plaque la plus grande (fig. 5a-b) devait avoir, peut-être, dans

Fig. 5b. Plaque d'*Emporion*. Restitution d'après A.G. y B.

l'ensemble, la forme d'un édicule avec fronton, comme ses parallèles les plus proches de Copenhague et de Berlin; mais il faut dire qu'en réalité la nôtre ne présente aucune trace d'édicule. Au centre (fig. 5) nous voyons la silhouette de Sabazios barbu, vu de face, debout, et habillé — à en juger d'après ce que l'on voit et après ce que l'on devine — d'un vêtement oriental formé d'un pantalon long et d'un *chiton* à manches, tous deux formés d'une broderie réticulaire toute garnie de petits cercles comme des boutons: sans

doute une image de la voûte étoilée, comme on le voit aussi dans
le buste en bronze du Tibre [1]), qui est une image de Sabazios avec
bonnet plein d'astérisques, de même que le *chiton* et le pantalon du
Sabazios d'*Emporium*. Son attitude est le geste de bénir, à la
manière appelée *benedictio latina*; mais dans la plaque d'*Emporium*
la main était sûrement entourée d'une roue de rayons, comme pour
indiquer le pouvoir surnaturel et lumineux de ce geste. De plus,
comme il n'y avait pas de place pour figurer le Soleil, symbole
semblable à celui de la Lune, que nous voyons dans l'angle supérieur
à gauche, ce halo lumineux et radial de la main devait évoquer la
lumière solaire. Dans ce cas-là, Sabazios est représenté ici comme
Hélios lui-même. De la main gauche il empoigne un long sceptre,
dont la pointe n'a pas été conservée, mais qui devait être terminé
probablement de la même manière que le sceptre de Copenhague.

Le pied droit, un peu surélevé, se pose sur une tête de bélier,
animal symbolique typiquement sabazien, mais qui est souvent lié
également à la notion d'Attis, et que nous voyons, de façon identique, sur la plaque de Copenhague. Attis est représenté, en outre,
des pieds à la tête, sur l'une des plaques de Berlin. Alignés aux pieds
de Sabazios, il y a trois cratères à deux anses. La tête de bélier
signifierait le sacrifice sanglant offert à la divinité, tandis que les
cratères représenteraient les sacrifices non sanglants des libations.
Nous voyons également trois vases, aux formes différentes, sur la
droite des pieds du Sabazios représenté sur la plaque de Copenhague.
Sur celle-ci, et à droite de la figure principale, il y a un seul arbre
avec des pommes de pin, dont le tronc est entouré d'un serpent.
Sur la plaque d'*Emporium* il y a deux arbres, l'un à droite et l'autre
à gauche. Le premier est entouré d'un ruban et couronné de courtes
branches dont les garnitures semblent des pommes de pin, du
lierre ou des pampres (l'interprétation n'est pas aisée); sur ces fruits
et ces branches, un buste humain est représenté, de face, avec,
semble-t-il, un diadème de feuilles de lierre ou de vigne. Croisés en
sautoir sur le tronc, l'on voit deux thyrses, tous deux terminés par
des pommes de pin et des feuilles; en outre, suspendus aux thyrses,
il y a deux clochettes ou cymbales (?) et un tympan. Tous ces

---

1) Fr. Cumont, *RO*[4], Pl. III, 2.

symboles sont probablement en rapport avec Dionysos, avec qui Sabazios a tant de concomitances idéales et même d'origine. Ce buste serait donc celui de Bacchus, couronné de lierre ou de pampre, selon l'habitude; les thyrses, une autre allusion au cycle bachique, et les fruits de l'arbre (dont l'interprétation donnée dans notre illustration est douteuse) seraient plutôt des pampres de vigne ou des feuilles de lierre. Quant au tympan et aux clochettes ou cymbales, ils sont aussi des attributs bachiques, mais ils étaient également des éléments importants dans les cérémonies ou orgies appelées sabazies et dans les rites de la *Magna Mater* en Asie Mineure. Les récits d'Aristophane et de Démosthène nous décrivent les fidèles de cette divinité thrace agitant leurs thyrses et sonnant leurs timbales pendant des fêtes très semblables aux dionysiaques.

L'arbre qui s'élève à gauche de Sabazios est sans doute un pin, car il est couronné des branches et des fruits propres à cet arbre, qui a une valeur symbolique, non seulement dans ces cultes, mais aussi dans les cultes parallèles rendus à Attis et à Cybèle, avec lesquels celui de Sabazios a eu tant de concomitances (plaque de Berlin). Le tronc de ce pin est entouré — comme dans la plaque de Copenhague — par les anneaux d'un grand serpent, dont la tête est ici couronnée, d'une manière assez étrange, par une crête à trois pointes, qui serait plutôt un diadème ou une tiare. Le serpent est l'un des symboles essentiels du culte du dieu thrace, et, jusqu'à un certain point, l'incarnation de la divinité elle-même. Cependant il n'est pas réservé à Sabazios, car, mise à part sa présence dans des conceptions classiques (Apollon, Asclépios, divinités chthoniennes, etc.), nous le voyons aussi, figuré de manière semblable à celle de cette plaque sabazienne, dans des représentations mithriaques comme par exemple dans le monument du Mithréum de Heddernheim [1]), dans lequel le serpent s'enroule autour du tronc, ou encore à la plinthe de la Porte Flaminia, qui exhibe un serpent ayant la tête couronnée de rayons, ou encore dans le relief de Blaundos [2]).

Les deux arbres du relief d'Emporium semblent surgir de deux demi-cercles qui doivent signifier des grottes ou des antres rocheux; dans l'un d'eux nous voyons une figure féminine qui a l'air de

---

1) *MMM* II, fig. 36; *CIMRM* II, no 1083 et fig. 274.
2) Eisele dans Roscher, *Myth. Lex.*, *s.v.* Sabazios, fig. 2.

faire une libation, ou de jeter de l'encens sur un autel, ou peut-être
dans une cassolette à parfum; dans les espaces vides, il y a un
lézard et deux tortues, animaux si fréquents dans tous les monuments sabaziens. L'autre demi-cercle contient également une
figure féminine, peut-être symbole de la fécondité humaine, portant
un enfant dans les bras. Dans les vides, il y a un oiseau et un
reptile, tous deux difficilement identifiables avec précision, quoique
l'oiseau soit peut-être l'aigle que nous voyons dans le relief de
Copenhague. L'interprétation exacte de ces symboles échappe à
notre analyse, mais ils sont très caractéristiques des monuments
figurés thrace-phrygiens. L'aigle doit s'expliquer ici par l'assimilation de Sabazios avec Zeus (Zeus-Sabazius), et il est peut-être
aussi en rapport avec la nature immatérielle de l'âme et son pouvoir
ascensionnel vers l'empyrée. Il serait donc un symbole de l'apothé-
ose. Le lézard, ainsi que le serpent, a un sens chthonien et, par
dérivation, funéraire.

Le reste de la plaque emporitaine est recouvert, avec cet horror
vacui que l'on peut observer dans tous ces monuments orientaux,
par une série de symboles isolés, que nous énumerons ci-après.
En haut, et sur l'angle de gauche, est figurée Séléné, comme dans
la plaque de Copenhague. Son signe est conçu à la manière habituelle, comme une demi-lune; entre les cornes il y a une étoile à six
pointes. Il n'y avait pas de place, semble-t-il, dans l'angle droit,
pour représenter Hélios. Cette notion se trouvait personnifiée —
comme nous l'avions précédemment indiqué — dans la propre
figure de Sabazios. Le Soleil et la Lune, images du jour et de la
nuit, de la lumière et des ténèbres, sont en même temps les signes
célestes en rapport avec l'idée cosmique de la divinité, tels qu'ils
apparaissent aussi dans d'autres cultes orientaux, spécialement
dans le cas de Mithra, dont le caractère astrologique est l'un des
fondements.

À droite de la figure en buste de Dionysos, l'on voit une étoile
à huit pointes, et à gauche de la tête de Sabazios une autre à six
pointes: ce sont sans doute des signes astraux, comme les précédents.
L'on voit également des signes semblables dans la plaque de
Copenhague. Il y a en outre, près du buste de Dionysos, un poignard,
instrument de sacrifice, peut-être en rapport avec l'immolation.

Plus bas, nous voyons le caducée d'Hermès, avec ses ailes emblématiques. Hermès-Mercure jouait un rôle très important dans les cultes et le mythe sabaziens. Le caducée (mais sans ailes) figure également dans la plaque de Copenhague, et Mercure lui-même est représenté en entier, avec son pétase ailé et son caducée, dans une plaque de Berlin. Hermès est le conducteur des âmes dans leur dernier voyage, celui d'outre-tombe; c'est ainsi qu'on le connaissait sous l'épithète de Psychopompe, ou guide des âmes, et c'est la même figure qui apparaît dans les peintures voisines de San Pretextato conduisant l'âme de Vibia vers le lieu où elle doit participer à l'agape de l'immortalité. Le caractère funéraire d'Hermès n'est pas particulier à cette croyance orientale; on le retrouve aussi intimement lié à d'autres cultes, spécialement à celui de Mithra. Il n'est pas rare dans ses monuments figurés, mais il est particulièrement éclatant dans la figure de Phosphore, montrant et éclairant le chemin que doit suivre le char du Soleil, par exemple dans les reliefs de Klagenfurt; et, surtout, dans la grande statue du dieu des chemins, trouvée dans le Mithréum de Mérida, (cf. ici pag. 33 no 13) où il apparaît avec tous ses attributs (ailes, cithare et, probablement, caducée, aujourd'hui perdu), et sous l'une des formes classiques habituelles (Pl. 1).

En bas du caducée, et des deux côtés de sa terminaison, nous voyons deux mains dans l'attitude de bénir. Elles sont identiques aux mains trouvées si souvent dans les monuments de ce culte, et dont nous avons parlé plus haut. Il s'agit de signes ayant un caractère d'amulette ,,apotropienne'' ou protectrice, qui répètent le geste de bénédiction si caractéristique du culte sabazien. Sous les mains il y a un autel avec du feu, et devant l'autel un cratère, symbole également employé dans le culte rendu à Mithra, mais qui a ici une signification différente: c'est l'image du principe humide, fécondateur de l'élément sec, la terre. Enfin, à droite du pin nous voyons un homme qui marche portant sur l'épaule une hache à deux tranchants. C'est un symbole très ancien de l'Asie Mineure, qui subsiste également dans les cultes contemporains de Jupiter Dolichenus et de Mâ-Bellona.

L'autre plaque représente uniquement la figure de l'un des Dioscures (fig. 6) sous sa forme classique, debout, avec une lance,

nu et à côté de son coursier. En haut, il y a une étoile allusive, à
six pointes. Le caractère funéraire et eschatologique des Dioscures
était habituel en Grèce, et en vint à jouer par la suite un rôle
semblable dans cette religion sabazienne, comme il dut l'avoir

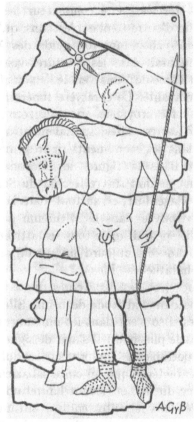

Fig. 6. Plaque d'*Emporion* avec la figure de l'un des Dioscures

également dans le mithracisme. La relation entre cette deuxième
plaque et la première, la plus grande, d'Ampurias, est fondée, non
seulement sur l'identité d'origine et l'égalité de dimensions quant
à la hauteur, mais aussi sur leur rapport évident avec le culte de
Sabazios, seul sujet de la plaque sœur plus grande. Cette deuxième
plaque devait être accompagnée d'une autre semblable représentant

l'autre Dioscure, toutes deux formant les volets latéraux d'un triptyque.

La date probable de ces plaques est difficile à préciser, mais ne doit pas être plus lointaine que le IIᵉ ou le IIIᵉ siècle. La nécropole où elles parurent pourrait se dater du Iᵉʳ siècle. Malheureusement nous ne connaissons pas l'apparence archéologique des autres pièces de l'ensemble sorti de ce tombeau enfantin. D'après leur art, très inférieur à celui de son parallèle le plus proche, la plaque de Copenhague (qui provient de Rome), elles pourraient s'orienter plutôt vers le IIIᵉ siècle, mais ce n'est qu'une simple impression. Le caractère asiatique et "plat" de ces reliefs sabaziens, spéciale- ment celui de Copenhague, qui semble d'origine orientale, a été étudié par Saxl. Il affirme que dans ces reliefs sabaziens, ainsi que dans les mithriaques, le signe de la Lune placé sur le côté gauche est d'usage occidental. Si cette règle était toujours observée, les reliefs d'Emporium seraient européens [1]).

2. La petite tête d'Elche

Petite figure en bronze, représentant Sabazios en buste. Elle a été trouvée dans l'Alcudia d'Elche, vers le mois d'août 1952, et mesure trois centimètres. Elle est très grossièrement sculptée, mais l'on peut voir parfaitement la longue pointe du bonnet phrygien caractéristique, pointe recourbée en avant, et la barbe (bifide, semble-t-il) sur laquelle retombent les deux longues pointes de la moustache. La tête est également ornée d'une abondante chevelure frisée, encadrant les tempes et le front.

[1]) Saxl, *Mithras*, 22 s.

CHAPITRE IX

NÉMÉSIS

Le caractère essentiellement populaire et plébéien du culte rendu à Némésis dans l'Occident latin durant l'Empire, n'était pas des plus appropriés pour nous laisser des témoignages abondants. Ceux que nous connaissons aujourd'hui en Espagne et au Portugal, c'est-à-dire dans l'ancienne Hispania sont en effet peu nombreux: une douzaine à peine à présent (fig. 7).

Cependant, malgré cette pénurie, depuis l'année 1892, au cours de laquelle fut publié le *Supplementum* au *CIL* II, l'apport de documents a triplé. Dans le seul *CIL* II et le *Suppl.* il en a été enregistré quatre. Tous sont des inscriptions votives sans que nous ayons cependant trouvé une image de culte sûre, par le fait même que le type iconographique de Némésis est très varié et peut prêter à confusion avec d'autres déesses comme Tyche, Nike ou Isis, pour ne citer que les plus importantes. Selon les témoignages arrivés jusqu'à nous, on peut en déduire que Némésis fut vénérée en Hispania d'une façon aussi courante qu'elle le fut dans le reste du monde romain occidental (latin). Il est possible qu'elle ait été connue sous son aspect grec oriental dans les colonies helléniques de la Péninsule Ibérique et que l'arrivée des premiers contingents d'esclaves ou de commerçants grecs venus dans ladite Péninsule après la conquête romaine aient amené avec eux quelques adeptes. Un fait aujourd'hui est certain, c'est que la présence de Némésis en Hispania n'est évidente qu'au début de l'Empire. C'est alors que son culte se répandit, favorisé par l'arrivée de nouveaux colons, de nouveaux commerçants, d'esclaves et, surtout, par de nouvelles coutumes qui, comme celles du cirque et de l'amphithéâtre, favorisaient grandement sa diffusion. Ce n'est donc pas par hasard que la plupart des documents connus en Hispania proviennent de la Baetica, contrée qui subit le plus tôt et le plus profondément l'influence romaine. Ce n'est pas non plus par pure casualité qu'entre les témoignages arrivés jusqu'à nous prédominent

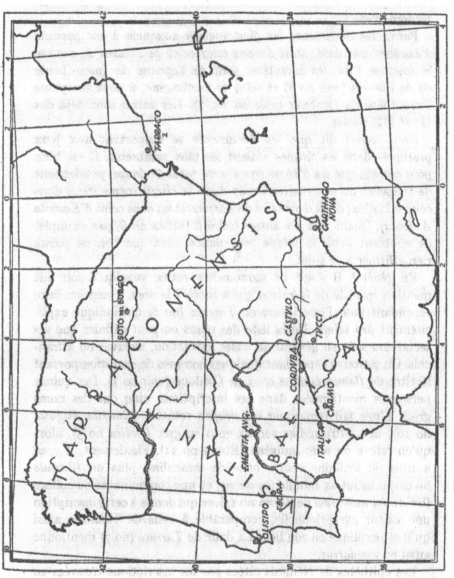

Fig. 7. Lieux connus du culte de Némésis dans la Péninsule Ibérique.

ceux ayant trait aux jeux du cirque. Cela nous explique que parmi ses adeptes abondent les esclaves et les affranchis portant un surnom grec.

Parmi les documents les plus anciens auxquels il est possible d'assigner une date, nous devons citer celui de Linares si, comme le suppose Fita, les caractères sont de l'époque de Jules-Claude ou de Flavius (voir no 8) et celui de Carthagène, si nous acceptons l'hypothèse de Deubner (voir no 14, 1). Les autres sont déjà des IIe et IIIe siècles.

Nous avons dit que les documents se rapportant aux jeux pratiqués dans les cirques étaient les plus nombreux. Il est tenu pour certain que six d'entre eux sur un total de douze, proviennent de chapelles ou sanctuaires situés dans le cirque même (trois dans celui d'Italica; deux dans celui de Tarraco et un dans celui d'*Emerita Augusta*). Quant aux six autres (celui d'Italica no 6, par exemple) ils semblent avoir la même provenance, bien que l'on ne puisse rien affirmer à ce sujet.

En général, il s'agit de monuments votifs, sans qu'il soit fait mention spéciale de la raison qui a motivé le vœu, exception faite cependant pour l'inscription de *Tarraco* (no 8) qui indique explicitement *pro salute*. De la liste des noms on peut déduire que ses sectateurs sont en général de basse extraction, esclaves ou affranchis. On y trouve cependant quelques hommes de condition portant le titre de *flamen* comme ceux de Cordoue (voir no 1). Des quinze personnes mentionnées dans ces inscriptions, cinq ont des noms grecs. L'une fait remarquer son origine romaine (*Emerita Augusta* no 10); une autre rédige son ex-voto en grec (*Italica* no 5), alors qu'on relève un nom indigène (Ebora no 11). Finalement, il y en a trois de féminins contre onze de masculins, plus un (*Castulo* no 9) qui inclut sa famille (*cum suis*) et une communauté ou collège (les *Amici nemesiaci* de Ebora no 11), ce qui donne à cette inscription une valeur exceptionnelle, comparable à celle de *Vintium*, ainsi qu'il est expliqué en son lieu. La dalle de *Tarraco* (no 7) mentionne aussi un *essedarius*.

Les épithètes de Némésis citées par les inscriptions trouvées en Espagne sont: *N. Vindex* (*Tucci*, no 2); *N. Praesens* (deux fois à *Italica*, nos 3 et 4); *N. Augusta* (quatre fois: deux à *Italica*, nos 5 et 6; une à *Tarraco* no 7 et une autre à *Carmo* no 12); *N. Sancta* (*Tarraco*, no 7, double épithète: *Sancta Augusta*); *N. Invicta* (*Emerita*, no 10, double: *Invicta Caelestis*); *Caelestis* (= 1 la précédente); comme *Dea*, on la cite à Castulo (no 9) et à *Emerita* (no 10. Complet: *Dea Invicta Caelestis Nemesis*). Dans ce dernier, il y a évidemment un syncrétisme avec *Dea Caelestis*, connue par d'autres dalles similaires de l'amphithéâtre d'Italica [1]).

1. *Corduba* (Cordoue). Inscription trouvée le 12 mai 1781 qui, selon *CIL* II, 2195 mentionne ce qui suit: *Nemesi | Cornelii Res[ti]- tutus et African[us] | ex acto flamonio | voto reddiderun[t]*.

Selon Hübner, qui la vit, les caractères datent du IIe siècle de notre ère [2]).

Les frères Cornelii dédièrent cet ex-voto à Némésis pour la remercier de l'heureux succès qu'ils avaient obtenu dans l'exercice de leur ministère. Bien que d'origine servile, ils arrivèrent, à Cordoue, à jouir d'une certaine renommée et purent s'enorgueillir du titre de citoyens romains à en juger d'après leur *tria nomina* (il manque les prénoms). La dalle, par ce fait, en devient plus intéressante, car le culte de Némésis est propre aux gens de basse condition.[3])

2. *Tucci* (Martos). Dalle de marbre noir portant l'inscription suivante sur le ms. de la Bibliothèque Nationale de Madrid, Q 58, fol. 56 *v* [4]).

Vindici | N/(emesi)/ Crescens | et Eulalus | d(ant); N, ainsi que le fit remarquer très justement Mommsen et l'admit Hübner, doit

---

1) Voir *BRAH* 140, 1957, 45 lss. En plus des sigles usuels, nous employons ici Fernández Chicarro, *Lápidas* = *Lápidas votivas con huellas de pies del Museo Arqueológico de Sevilla* dans *RABM* 56, 1950-52; García y Bellido, *Némesis* = *Némesis y su culto en España* dans *BRAH* 147, 1960, 119 ss.

2) García y Bellido, *Némesis*, no 1.

3) Le mot *flamonium* est l'équivalent de *flaminatus*, c'est-à-dire la dignité de *flamen*. Quand Mommsen, en 1872, écrivit son court article sur le terme précité (*EE* 1, 1972, 221 s) il mentionna seulement un cas dans la Dacie, cinq en Afrique et quatre en Hispania. Ces derniers sont de Casarès dans la province de Málaga (*CIL* II, 1936), *Barbesula* dans celle de Cadix (*id.* 1939) et les deux autres de Cordoue (un, celui qui nous occupe, et l'autre *CIL* II, 2221), tous dans la Bétique, par conséquent. Dans les textes, le terme *flamonium* est assez fréquent, ce qui vient corroborer notre croyance en la correction du latin que se parlait habituellement dans cette Province romaine.

4) *CIL* II, 1662; A. García y Bellido, *Némesis*, no 2.

se lire Némésis par le fait même que l'épithète Vindex précède [1]).
Crescens et Eulalus, probablement, étaient esclaves. Il est curieux
de noter la crainte que l'on paraît éprouver à mentionner complètement le nom de la déesse, sans doute par peur du terrible *numen*
de la vengeance. Ici, plus que d'une abréviation, il s'agit d'un
cryptogramme.

3. *Italica* (Santiponce). Entra au Musée Archéologique de Séville
en 1945. En quel endroit celle dalle fut-elle trouvée? Ce point
n'a pu être éclairci, pas plus que d'autres données qui s'y rapportent.
Dalle de marbre de 28,5 cm. de largeur, 66,2 cm. de longueur et
26 cm. d'épaisseur [2]).

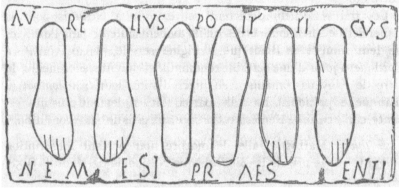

Fig. 8. Dalle d'*Italica*

Un dessin très simple, schématique, nous présente trois paires de
pieds (fig. 8); partie supérieure de ceux placés aux parties extrêmes,
plantes du pied de ceux du centre. L'inscription s'étend sur deux
lignes, l'une en haut, l'autre en bas des pieds. Elle dit: *Aurelius
Poieticus* / (plantae pedum) *Nemesi Praesenti*. Némésis est invoquée
ici comme *praesens*, mot qui, dans ce cas, a la valeur de ,,favorable'',
,,propice'', ,,efficace'', ,,accueillante'', etc.... Dans un sens
équivalent, *praesens* s'employait aussi pour les dieux (exemples

1) On trouve cette épithète en Ausone, *Epist.*, 27, 52 et avec un autre mot
équivalent, *Ultrix*, dans Ovide, Ammien Marcellin et Lactance. Comme
Ultrix, il est cité également sur l'inscription *CIL* VI, 532.
2) C. Fernández Chicarro, *Lápidas*, no 14; *HAEpigr.*, 1-3, 1950-52, no
357 = *AE* 1955, no 254; A. García y Bellido, *Némesis*, no 3.

dans Térence, Cicéron, Horace, Virgile, etc.). Nous avons donc
une nouvelle épithète de la déité qui, dans une certaine mesure,
est l'équivalent latin des épithètes grecques ἐπήκοος, εὐήκοος que
nous trouvons dans d'autres documents. Poieticus était affranchi
ou libertin.

Ce cas nous amène à identifier comme appartenant sûrement au
culte de Némésis le fragment de dalle suivant.

4. *Italica* (Santiponce). Entra au Musée Archéologique de Séville
en 1945. Aucune autre donnée, pas même celle de l'endroit où la
dalle fut trouvée [1]).

Dalle de marbre gris bleuté. Hauteur 23 cm.; largeur 18,7 cm.;
épaisseur 3 cm. portant, gravées, deux plantes de pieds avec les
doigts (perdus) orientés vers le haut. On ignore donc tout de sa
partie supérieure où devait figurer le nom de celui qui fit la dédicace
ainsi que celui de la déité qui dut être Némésis, étant donné que
l'inscription porte la même épithète que la dalle précédente,
c'est-à-dire *praesenti* qui, figurant au datif, dut concorder avec le
nom de la déité, ainsi qu'il a été dit à propos de la dalle précédente.

5. *Italica* (Santiponce). Découverte il y a environ trente-cinq
ans dans la galerie centrale qui donne accès à l'amphithéâtre; elle
formait dallage. Passa au Musée Archéologique de Séville en 1945.
Marbre blanc bleuté; mesure 31 cm. de hauteur, 32,3 cm. de largeur
et 4 cm. d'épaisseur. Dans un cadre à moulures, on remarque deux
paires de pieds en position contraire, allusion sans doute à *itus et
reditus*. Dans la partie supérieure, se substituant à la moulure du
cadre, une superficie plane, où l'on peut lire, en caractères grecs
écrits dans le sens inverse, la dédicace de Zosimos [2]).

L'inscription se présente ainsi:

ΣΟΛΚΥΛΜΥΟΛΣ ΚΝΚΛΛΑΤ ΛΠ
Σ0ΜΛΣΛΖ ΛΣΙΜΙΚΙΑΤΣΥ0LΥΑ

---

1) C. Fernández Chicarro, *Lápidas*, no 5; García y Bellido, *Némesis*, no 4;
idem, *Colonia Aelia Augusta Italica*, Madrid, 1960, fig. 16.

2) A. Schulten, *Die Tyrsener in Spanien* dans *Klio* 33, 1940, 73 ss avec
fig. oo; C. Fernández Chicarro, *Lápidas*, no 11; A. García y Bellido, *Némesis*,
no 5; Idem, *Colonia Aelia Augusta Italica*, Madrid, 1960, 74 ss.

mais elle doit se lire de la façon suivante:

(inscription en caractères grecs archaïques tracés à la main)

Sa transcription est celle-ci: π. Ἰταλικήνσιουμ. Λύκιος/Αὐγούσται.
Νέμεσι Ζώσιμος. c'est-à-dire dans sa forme latine: *Lykios Itali-
kensium P(ublicus) Zosimus | Nemesi Augustae.*

Zosimus était un esclave public d'*Italica.* Son origine paraît
être l'Orient grec; pour cette raison, il écrivit sa dédicace en
caractères grecs, mais par suite du milieu où il vivait, en langue
latine, dont il s'appropria même la façon de rédiger l'inscription.
Il donna seulement une forme grecque à la terminaison des noms,
car le reste est écrit suivant les règles grammaticales latines. Zosimus
est son nom d'esclave, mais ici comme surnom, comme s'il était
déjà libre. Il dut être employé par la ville en qualité de gladiateur,
peut-être à titre de châtiment d'une mauvaise action, car il n'est
pas facile d'expliquer autrement son ex-voto à l'entrée de l'amphithéâtre.

Quant à la date qu'il convient d'assigner à l'inscription, nous
manquons de données sérieuses pour le faire. Un *terminus post quem*
nous donne l'épithète de *Nemesis Augusta* et il y a, surtout, le fait
que l'amphithéâtre fut une des constructions édifiées par Hadrien
à l'époque même où, après avoir concédé à *Italica* le titre de colonie,
il lui donna une ville nouvelle.

Les caractères tartessiens archaïques que Schulten vit dans cette
inscription grecque ne sont, à mon avis, que gaucheries et vacilla-
tions du lapicide, qui dut transcrire dans le marbre des caractères
qu'il ne connaissait ni ne comprenait et que celui qui offrit la
dédicace dut mal écrire; de cela découle, je suppose, le caractère
cursif et la forme insolite de quelques unes des lettres.

6. *Italica* (Santiponce). Musée Archéologique de Séville [1]).
Tabula ansata de bronze portant, gravée à coups de poinçon

---

1) Fernández Chicarro, *Lápidas*, no 35; *HAEpigr.* 1-3, 1950-52, no 355;
AE 1955, 253; A. García y Bellido, *Némesis*, 6; Idem, *Colonia Aelia Augusta
Italica*, fig. 1.

(fig. 9), la dédicace à Némésis en pointillé. Mesure d'une extrémité à l'autre 9,2 cm.; sa hauteur est de 4,5 cm. L'inscription dit: *Viciria voltum demisit | Augustae | Nemesi*. Elle est suspendue à l'aide d'un vulgaire anneau de cuivre, ce qui donne lieu à croire qu'elle fut placée dans quelque sanctuaire, ou lieu d'exposition d'ex-voto. Le nom Viciria est inconnu dans *CIL* II, mais sa forme masculine Vicirus est bien attestée. Viciria était une esclave.

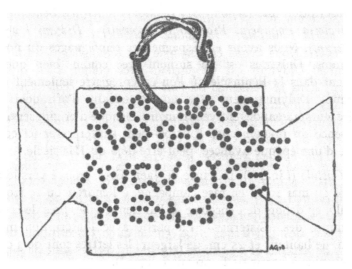

Fig. 9. Plaque de bronze d'*Italica*

7. *Tarraco* (Tarragone). Autel votif en pierre calcaire tendre conservant des restes de stuc rouge dans la partie supérieure, ainsi que des indices de cette même couleur dans le fond des lettres (hauteur 33 cm.; largeur 21 cm.). Il fut trouvé incomplet en 1954 au cours des excavations du sous-sol situé dans la partie extrême N.-O. du petit axe de l'amphithéâtre, à 1,80 m. de profondeur, parmi des débris accumulés en cet endroit, conjointement avec des blocs provenant, croit-on, de la partie supérieure du *podium*, plus quatre autels sans inscription [1]). La transcription pourrait être: [*N(umini)*]

1) S. Ventura Solsona dans *Bol. Tarragona*, 55, 1955, 15, no 13 et pl. 10 = *HAEpigr.* 6-7, 1955-56, 870; A. García y Bellido, *Némesis*, no 7; Idem, dans *AEArq.* 33, 1960, 135.

Sanc(tae) | *Augus*/*st(a)e* (sic) *Neme*/*si ex vo(to)* | *Ess(edarius)* ...
(dans la suite suivraient le nom et d'autres données).

8. *Tarraco* (Tarragone). Autel votif de grès tendre, de 63 cm.
de hauteur, 28 cm. de longueur et 30 cm. d'épaisseur. Trouvé fin
1952 dans la pièce excavée à l'extrémité du petit axe de l'amphithéâtre, dans la partie N.-O., à côté de la porte d'accès depuis
le *podium* et presque au niveau de l',,arena'' [1]).

L'inscription dit: *(N)um(ini)* | *Nemesi* | *Cornel(ius) Seneci(anus?)*
| *et Valeria Po*/*mpeia*. *Pro sa*/*lute Numm(i)* | *Didymi* | *v(otum)*
p(osuerunt). Nous avons en Espagne des témoignages du nom de
Nummius. Didymus est un surnom grec connu, bien que peu
fréquent dans la Péninsule où l'on en enregistre seulement deux.
Nummus Didymus peut être un descendant d'affranchis. Les
dédicateurs étaient des citoyens romains, bienque d'origine servile(?).
L'absence du prénom chez les trois peut s'interpréter ici comme
indice d'une époque avancée, peut-être déjà du IIIe siècle.

9. *Castulo* (Linares), province de Jaen. Grès, trouvé vers le mois
d'avril ou mai 1903, en rase campagne, à l'endroit où se trouvait
Castulo, en dehors de l'enceinte de l'ancienne ville, près de la porte
dénommée des ,,Cisternas''. La partie avec l'inscription mesure
43 cm. de hauteur et 25 cm. de largeur; les lettres sont de 3 cm. et
un peu plus à partir de la première ligne [2]).

Selon Fita, les lettres sont des Jules-Claude ou des Flaviens.
L'inscription dit: *Deae Nem[e]*/*si* | *Dec. Fonteius* | *Apolaustus* |
cum suis | *v(otum) a(nimo) l(ibens) s(olvit)*. Elle portait comme
allusion à Némésis, des serpents, symbole de cette déité, peu fréquent, mais nullement insolite. Celui qui faisait l'offrande était
un affranchi ou un libertin.

10. *Emerita Augusta* (Mérida).
L'inscription peinte en blanc sur rouge, sur une plaquette en stuc

1) S. Ventura Solsona, dans *AEArq.* 27, 1954, 269 et fig. 24 (lecture incomplète); idem, dans *Bol. Tarragona*, 55, 1955, 7, no 4, pl. 3 (complète);
HAEpigr. 6-7, 1955-46, 861; *AE*, 1956, 24 (tirée de *AEArq.* et par ce à même
incomplète; A. García y Bellido, *Némesis*, no 8.

2) F. Fita, dans *BRAH* 42, 1903, 450; *AE*, 1903, 440, no 237; María
Lourdes Albertos, dans *Zephyrus* 3, 1952, 59 = *HAEpigr.* 1-3, 1950-52, 405;
A. García y Bellido, *Némesis*, no 9.

qui adhère à la paroi droite de l'entrée nord de l'amphithéâtre et placée à une hauteur d'environ 4 m. au-dessus de ce qui était alors le niveau de la terre, a été découverte il y a plusieurs années déjà. Cette découverte n'a été portée à la connaissance des investigateurs qu'à la suite de ma publication en 1957. La plaquette est une *tabula ansata* de 87 cm. sur 32 cm. de superficie et d'une épaisseur d'environ 7 cm.

L'inscription dit ceci en lettres cursives majuscules : *Deae Invictae* / *Caelesti Nemesi* / *M. Aurelius fili* . . . / *Roma v(otum) s(olvit) a(nimo)* / *l(ibens)* / *Sacra v. s.*

À la troisième ligne il manque la fin du surnom de celui qui fit la dédicace, sans doute latin. Le *V* de la 5ᵉ ligne est douteux ; il n'en est pas de même pour l'*S*. L'inscription date au plus tôt du IIᵉ siècle de notre ère ou, mieux encore, du commencement du IIIᵉ siècle ainsi qu'il paraît. Le M. Aurelius se réfère à Caracalla. Il s'agirait alors d'un bénéficiaire de la *Constitutio Antoniniana* du 212 [1]).

Le fait revêt une exceptionnelle importance nous montrant l'étroite association de Caelestis et Némésis. Toutes deux s'invoquent avec fréquence dans l'amphithéâtre d'Italica. Mais ici, dans celui de Mérida, leur rapport paraît si étroit qu'elles semblent ne former qu'une seule et unique déité : Caelestis avec l'attribut de Némésis, à moins que ce ne soit plutôt Némésis qui porte les adjectifs de *Dea, Invicta* et *Caelestis*. En tel cas l'épithète *Caelestis* ne serait autre chose que la forme latine d'οὐρανία qui figure sur l'inscription du théâtre de Dionysos d'Athènes [2]), de même que celui d'*Invicta* le serait de ἀνίκητος qui figure dans le relief de Zosimus trouvé dans le théâtre de Philippi et qui peut être attribué aux IIᵉ et IIIᵉ siècles de notre ère [3]). Cela fait naître un doute : devons-nous voir ou non après l'adjectif *Caelestis*, la déesse de ce nom ou seulement, une épithète générale appliquée maintenant à Némésis ?

La dernière ligne devra s'entendre comme témoignage de l'accomplissement de certains sacrifices faits en l'honneur de la divinité en dehors de l'inscription dédicatoire [4]).

1) Cf. D'Ors dans *Emerita* 11, 1943, 335 ss.
2) *CIG* III, 289.
3) Cf. F. Chapouthier dans *BCH* 48, 1924, 287 ss; *BCH* 49, 1925, 239 ss; Schweitzer dans *JdI* 46, 1931, 197 ss.
4) Si cette déité était réellement Némésis avec les appellatifs de *Dea*

11. *Ebora* (Ebora). Trouvée dans les murailles de la ville et conservée au Musée de celle-ci. Elle mesure 70 cm. de hauteur. Selon Hübner, les lettres sont du IIᵉ siècle [1]. L'inscription dit: *T. Calleus | Marcianus | An. XX. H.S.E.S T.T.L. | Cas. Marcella | Sob. Rina F.C. item. Amici | Nemesiaci ex lapides N̄ II* (sic) *[N]emesiaci.* ligne 5ᵉ = *Sobrina.*

Par le caractère apparemment funéraire de l'inscription, on peut croire que ce *collegium* némésien avait aussi des fonctions funéraires. Les associations se référant à ce culte nous sont presque inconnues [2].

12. *Carmo* (Carmona). Plaque de cuivre avec anneau de suspension, qui se conserve au Musée de Carmona. Fut trouvée dans une tombe [3]. Elle mesure 75 cm. de largeur et 6 cm. de hauteur. Les lettres ont été gravées à coups de poinçon sur la feuille de bronze, comme celles d'Italica (voir no 6). Elle devait avoir comme elle deux *ansae.*

Dans celle de Carmona on lit: *D(is) M(anibus) | Derps | Auguste | Nemesi. Derps* se lit clairement, sauf le *P*; il pourrait s'agir aussi de *deros* et avoir alors une relation avec le grec δέρος. *Auguste* au lieu d'*Augustae.*

13. *Inscriptions douteuses.* Les suivantes:

1) Trouvée à Italica lors des excavations faites par A. Engel

Caelestis et *Invicta* j'incline à le croire vu, qu'elle procède de l'amphithéâtre; on pourrait supposer de Caelestis (je me réfère à celles de Iuno Caelestis) trouvées à *Italica*, certaines avec la plus entière sûreté dans l'amphithéâtre, seraient aussi de Némésis Caelestis. Donc, comme nous l'avons déjà vu, Caelestis put être tantôt une allusion à la (Iuno) Caelestis africaine, tantôt à la (Némésis) Caelestis grecque. La tendance à substituer le nom propre par son *epiklesis*, plus expressif, est normale dans toutes les religions, ainsi que nous le vîmes à propos de la dalle de Martos (no 2); elle est surtout évidente pour la déité africaine, au sujet de laquelle l'appellatif Caelestis se substitua de bonne heure au nom propre, Iuno, et, cela, si complètement, qu'il le fit presque oublier.

1) *CIL* II, 5191; García y Bellido, *Némesis*, no 11.

2) A cette inscription il y a lieu d'associer celle de *Vintium* (*Gallia Narbonensis*), où l'on cite un *collignium iuvenum Nemesiorum* (*CIL* XII, 22) du dédicateur. Le nom est peu fréquent. Il figure seulement avec la variante Callaeus dans *CIL* II 4999a (pour les autres noms analogues voir M. Palomar, *La onomástica personal prelatina de la antigua Lusitania*, Salamanca, 1957, 57 *s.v.* Calaitis). La mort prématurée de Calieus, à l'âge de 20 ans, nous incite à croire que ces *amici Nemesiaci* d'Ebora, qui prirent part à son enterrement, formaient un *collegium iuvenum Némesiorum*, comme celui de Vintium.

3) García y Bellido, *Némesis*, no 12.

en 1897 [1]). On l'envoya à Hübner après l'avoir décrite et interprétée: ...*r Numisi cep* ...

Le fait qu'elle est gravée sur une mince pierre plane schisteuse portant des silhouettes de plantes de pieds, comme les inscriptions déjà connues d'Italica (voir nos 3, 4, 5), nous incite à penser à Némésis, sous une forme populaire, ou faussement reproduite par le lapicide. L'*R* pourrait être *Q* et le commencement *CEP* pourrait être *LEP* ... selon son éditeur.

2) D'Italica aussi est l'inscription suivante qui se trouve aujourd'hui au Musée de Séville: ..., *nem* ... | *vlpia ca* ... | ... *ns* ..., plus douteuse encore que la précédente.

14. *Monuments figurés.* Les seuls sur lesquels nous pourrions voir l'image de Némésis sont également douteux.

1) Autel de Carthagène (*Carthago Nova*). Cette importante pièce fut étudiée par L. Deubner [2]) qui suppose que la figure féminine, par la manière dont elle plie le bras droit en posant la main sur la poitrine et par ses ornements, pourrait s'interpréter comme une Némésis. Cette hypothèse est renforcée par le serpent enroulé dans une branche d'olivier, qui se voit sur l'un des autres côtés de l'autel. Les arguments sont trop faibles pour opiner dans ce sens. On peut leur préférer ceux que j'exposai dans *Esc.Rom.*, no 407. Quant à la date du monument, nous sommes convenus de l'époque qui parait être flavienne [3]).

2) Il se peut que l'Isis de Soto de Burgo (*Soria*) ait été une Némésis, car près d'elle on trouva une roue qui, par sa dimension, forme un tout avec la figurine. Elle fut publiée par Ortego [4]), comme Tyche-Fortuna, ce qui est possible et ne contredit en rien mon opinion qu'il s'agit d'une Isis et, même, d'une Némésis (cf. ici p. 118 no 26).

15. Les noms propres des dieux sont très rares. Pour le moment, j'en connais seulement un, à Lisbonne [5]). Dans cette inscription,

1) *EE* 9, 1903, 75, no 191.
2) L. Deubner dans *RM* 45, 1930, 37 ss.
3) García y Bellido, *Némesis*, no 14.
4) *AEArq.*, 22, 1949, 413 ss.
5) Publié déjà dans *CIL* II, 253, mais rectifié récemment, de façon plus exacte, par S. Lambrino dans *Arq.Port.* (N.S.), 1, 1951, 46, no 8.

un certain Nemesius dédia une dalle funéraire à son père Telemacus (pour Telemachus). Selon le Prof. Lambrino, l'inscription est du IIe siècle. Probablement tous deux, père et fils, étaient de basse condition, esclaves à ce qu'il paraît.

Fig. 9bis. Peinture de l'amphithéâtre de Tarragone avec la figure de Némésis

Addenda

16. *Tarraco* (Tarragone). Peinture pariétal (fig. 9bis) découverte en 1952 dans l'Amphithéâtre au même lieu où sortirent les no 7 et 8. Ils y sont trois personnages debout, symétriquement situés. Celui du centre doit être la réprésentation de Némésis, avec une roue sous la jambe droite pliée. Elle montre une sphère dans sa

main gauche et avec le pied du même côté marche sur une figure humaine étendue sur le sol. Sur la tête on distingue, pas nettement, un croissant lunaire. Le personnage de la droite porte une cornucopia et semble faire une libation devant un autel portatif. Celui de gauche serre dans sa main gauche un *praefericulum* (?). A côté de lui il y a un ours qui se lance à gauche. [1]

1) Pour cette importante monument voyez mon travail dans *AEArq*. 36. 1963, 177ss. Le tableau a été transporté au Musée Archéologique de Tarragone.

CHAPITRE X

CULTES SYRIENS

Le monument le plus important que nous ayons actuellement pour une connaissance plus approfondie des idéals religieux d'origine syrienne dans la Péninsule est l'inscription de l'autel de Cordoue. Elle apparut en 1921 près des débris d'un portique dont il restait trois bases et se trouve aujourd'hui au Musée Archéologique de Cordoue. Elle est en marbre blanc. La partie qui demeure intacte mesure 47 cm. de hauteur, 30 cm. de largeur et autant d'épaisseur. De volumineuses *cornua*, entre lesquelles s'ouvrait un petit fronton triangulaire la couronnaient. Quelques moulures suivaient; venait enfin l'inscription principale, dont il ne nous a été conservé que six lignes mutilées de chaque côté du corps de l'autel, plus courtes à mesure qu'elles descendent. À ces six lignes, il y a lieu d'en ajouter deux supplémentaires sur la frise supérieure. L'envers montre un chrisme, ce qui autorise à penser qu'elle fut déjà réutilisé au IVe ou au Ve siècle de notre ère [1].

L'inscription de Cordoue (fig. 10) est une dédicace probablement collective écrite en grec en l'honneur de certaines déités syriennes, parmi lesquelles on croit reconnaître les composants de la triade d'Emesa qu'elle englobe dans une invocation générale comme ἐπήκοοι εὐεργέται. La date de cette dédicace était sans doute précisée, mais elle n'est pas arrivée à nos jours. Cependant, tout induit à penser (contenu de la dédicace, formes épigraphiques) qu'il s'agit du commencement du IIIe siècle de notre ère, concrètement du temps d'Héliogabale (218-222). Le fait qu'il manque une bonne partie de la moitié gauche, un peu de la moitié droite ainsi que la fin, empêche d'interprétér avec sûreté tout le texte arrivé jusqu'à nous, dont il ne nous reste, en réalité, que quelques

---

1) Etudiée par F. Hiller von Gaertringen-E. Littmann-F. Weber-D. Weinreich, *Syrische Gottheiten auf einem Altar aus Cordova* dans *ARW* 22, 1923-4, 117 ss; Fr. Cumont, *Une dédicace à des dieux syriens trouvée à Cordoue* dans *Syria* 5, 1924, 324 ss.

phrases détachées. La plus grande difficulté consiste à séparer les divinités invoquées de leur *epikleseis* ou de ses équivalences grecques. On voit distinctement les noms d'Elagabal et Allath.

Fig. 10

Quant à d'autres comme Phren, Kypris, Yari et Nazaia, ou bien ils apparaissent mutilés, ce qui en rend la lecture douteuse, ou bien ce sont des noms de *baalim* inconnus que l'on hésite par cela même à séparer des autres noms ou épithètes. La meilleure reconstitution

7

du texte a été faite par Cumont. Nous la donnons ci-dessous, tout en tenant compte des réserves qu'il fit lui-même. J'y ajoute un dessin soigné de l'inscription tiré de nouvelles photographies et après vision directe et réitérée de la pièce.

[θεοῖς] ἐπηκόοις² / [σωτῆρσιν?] εὐεργέταις³ / [κυρίῳ] Ἡλίῳ μεγάλῳ Φρήν⁴ / ... Ἐλαγαβάλῳ καὶ Κύπ[ρι⁵]/δι εὐ]χαρ(ε)ῖ Ναζαία (ou bien [εὐχῆς] χάριν Ἀζαία) καὶ [ἡ δεῖ⁶/να] (ou bien Κυρ⁶/ία?) [Ἀ]θηνᾷ Ἀλλὰθ Ν...⁷ / [... βαιτο?] κείκᾳ καὶ Γε[ναίῳ? ὁ δεῖνα]⁸ / [θεοῖς πατρῴοις? ἐπη]κόος θσ'[ἔτει ἀν⁹/έθηναν εὐχῆς χά]ριν¹⁰ / ...

On trouvera ci-après une liste des déités qui y sont citées. J'y joins aussi celles d'attribution douteuse.

ALLATH est une déité purement arabe identifiée avec Athéna. Comme telle, on la représentait sur les reliefs palmyriens avec un bouclier et une lance. Son nom, plus ou moins modifié, se trouve cité sur des inscriptions de Ras Shamra, dans Hérodote (I, 131), sur des inscriptions de Palmyre, Gerasa et Hauran, dans les tablettes magiques de Carthage et, même, dans le Talmud et le Coran [1]). Il s'agit peut-être de la principale des déités exotiques mentionnées dans l'autel de Cordoue.

ELAGABAL. C'est la divinité propre d'Emesa (Homs) sur l'Oronte. Elle apparaît dans l'inscription de Cordoue sous sa forme grecque Elagabalos, qui est la plus courante, bien qu'elle ne soit pas la seule. Son *paredros* était Astarté, mais à Rome, Héliogabale lui donna pour épouse la Caelestis africaine. Les rites et les fêtes prenaient des formes licencieuses et sanglantes, ainsi qu'il était d'usage dans ces cultes asiatiques. On sortait en procession la pierre noire (un *baitylos*) qui était accompagnée des fidèles et de ceux qui se consacraient au culte de la divinité. Il semble que l'on procédât aux sacrifices d'enfants comme dans le culte rendu au Saturne tyro-africain [2]).

---

1) Cf. A. Baumstark dans *RLAntChrist.* s.v. *Baal (Allat)*.
2) A. von Domaszewski, *Die politische Bedeutung der Religion von Emesa* dans *ARW* 11, 1903, 223 ss; Fr. Cumont, *RO*⁴, 105 ss; Klauser dans *RLAnt-Christ.*, s.v. *Baal (Elagabal)*; K. Latte, *Römische Religionsgeschichte*, München, 1960, 349 s.

PHREN est une déité inconnue. Elle fait penser à l'un de ces nombreux *baalim* syriens; peut-être pourrait-on la comparer au Ra égyptien d'Héliopolis, dieu solaire. Les auteurs-éditeurs allemands de la dalle de Cordoue croient reconnaître en Phren le Phre des papyrus égyptiens de caractère magique.

KYPRIS paraît être Aphrodite, c'est-à-dire Astarté et, par conséquent Salambo. Nous possédons des preuves certaines du culte qui lui fut rendu à Séville, grâce aux actes de martyre des Saintes Justa et Rufina (cf. p. 102).

ATHÈNE. Ce nom grec peut cacher un *baal* syrien de nature semblable à celle de la divinité hellénique.

NAZAIA est une déité ou épithète de déité, en tout cas inconnue.

YARI. Divinité inconnue. Son nom n'est pas grec. Les auteurs-éditeurs allemands de l'inscription de Cordoue suggèrent une relation possible entre le nom Varius, que porta Héliogabale avant d'adopter le théophorique d'Elagabal.

Nous venons de présenter les déesses sûres et celles probables que l'on cite dans l'autel de Cordoue. Considérons-en d'autres maintenant dont il est fait mention dans des documents épigraphiques dispersés.

TYCHE d'ANTIOCHE. Nous ne possédons en Espagne d'autre témoignage du culte rendu à cette personnification divine caractéristique de la ville syrienne que la statuette en bronze (Pl. IX) trouvée par hasard à Hoyo de Alimanes, dans le district d'Antequera, à 20 km à l'est de la ville précitée [1]). Nous nous trouvons de nouveau devant une réplique de l'image d'Antioche de l'Oronte [2]).

La figurine d'Antequera, ainsi qu'il apparaît également dans les autres répliques, porte comme symbole de l'abondance et de la fécondité la gerbe de blé à la main droite. À ses pieds l'image du fleuve Oronte sous les traits d'un enfant nageant à la brasse,

---

1) Nous ne savons rien des circonstances qui ont accompagné cette trouvaille; cf. S. Gimenez Reyna-A. García y Bellido dans *AEArq.*, 70, 1948, 64 ss; García y Bellido, *Esc. Rom.*, no 147.

2) La plus fidèle d'entre elles se trouve au Vatican (Galerie des Candélabres).

portant, de manière également symbolique, la déesse d'Antioche, qui pose le pied droit sur l'épaule du même côté de la personnification fluviale. Comme dans les autres exemples de ce type, elle exhibe aussi la couronne murale sur les temples, elle est assise sur un rocher et y appuie la main gauche conformément au prototype créé par Eutychides. Fait nouveau: les deux parties carrées perforées en leur milieu que l'on voit sur la partie postérieure de la statuette, sans doute parce qu'elle était attachée sur un étendard processionel. À Málaga, ville proche d'Antequera, on trouve une inscription qui fait mention d'une certaine communauté de syriens et d'asiatiques [1]).

ZEUS KASIOS. À Seleucia de Pieria, près de l'embouchure de l'Oronte, on vénérait un *baitylos* sacré de Zeus dans un sanctuaire élevé au sommet du mont Kasios (Κάσιον Ὄρος; Ὄρος Κασιώπης) dont nous possédons des témoignages depuis le commencement du IIIe siècle av. J.-C. Son culte était également pratiqué à Kerkyra, Délos, Épidaure, Pelusion d'Égypte, Athènes, Carthage, Rome, Heddernheim et, finalement aussi, en Espagne, ainsi que nous le verrons ci-après [2]).

1) *CIL* II, p. 251; *IGRRP*, 26; *CIG* XIV, 2540. Sur d'autres témoignages syriens en Espagne: A. García y Bellido-J. Menéndez Pidal, *El dístylo sepulcral de Iulipa* (*Zalamea*) dans *Anejos* de *AEArq.*, n° 3, 1963, 71 ss.

2) Strabon nous fournit la première indication textuelle se référant à cette déité (Strabon XVI, 2, 5; Cf. Malalas, 8 (p. 199, Bonn)). Il y fait mention du temple de Pelusion et des temps de Séleucus Nicator (cf. Lucanus, *Phars.*, VIII, 858 ss; Phil. de Bybl. *FHG* III, p. 568, fragm. 2 § 17; Ioseph., *BIud.*, IV, à la fin, et Solinus 153, 11, Mommsen). On y apprend que Néron visita l'autel de Jupiter Casius de Kasiope de Kerkyra (Suet., *Nero*, 22, 9) où, en effet, on a trouvé des inscriptions relatives à son culte (*CIL* III, 576 ss). Pline, à son tour, cite également ce temple (*NH*, IV, 52) et Procope parle de l'ex-voto d'un navigateur, dont nous nous occuperons ultérieurement. Trajan, dit-on, vénéra cette déité (Suidas *s.v.* Κάσιον Ὄρος; cf. *Anth. Pal.*, VI, 332). On sait qu'Hadrien, peut-être dans l'intention de lui consacrer un temple dans le sanctuaire de Pelusion, y monta, et, de là, vit poindre le jour. Une tempête subite tua la victime et les victimaires, disait-on. Le fait doit se situer en l'année 130 (*SHA*, *vita Hadr.*, 14, 4). Julien, une fois aussi, sacrifia au petit jour à la déesse (Amm. Marc., XXII, 14, 4; Julianus, *Misopogon* 361 D; Solinus 153, 11 Momms). Les inscriptions les plus anciennes relatives à cette déité sont celles de Délos que l'on peut situer au commencement du Ier siècle av. J.-C. On en déduit sa relation avec des antécédents égyptiens et syriens. Il fut introduit postérieurement à Kerkyra et, à ce

La nature primitive de ce dieu est très confuse, comme tout ce qui se réfère à son culte et à son évolution. Il est évident qu'il s'agissait d'une déité solaire. Les offrandes matutinales d'Hadrien et de Julien citées plus haut en font foi. Son aspect primitif fut celui d'une pierre conique, comme celui de tant d'autres divinités solaires syriennes [1]). Plus tard, mais déjà en plein hellénisme, la tendance anthropomorphique le convertit en une image du type de Zeus. Les monnaies de Kerkyra le représentent sous l'aspect de ce dieu; cependant, la représentation du sanctuaire de Pelusion était très différente, si nous en croyons un auteur tardif, Achilleus Tatios (III, 6), qui nous le présente sous les traits d'un jeune homme imberbe, mains tendues, l'une d'elles portant une grenade. Cette déité rendait des oracles et protégeait les navigateurs. À cet aspect doit correspondre le navire en pierre, que mentionne Procope [2]), sur lequel on lisait une inscription avec dédicace d'un commerçant à l'intention de Zeus Kasios. Cet aspect représente pour nous le côté le plus intéressant, puisque l'unique témoignage que nous avons de ce dieu en Espagne est le jas d'ancre de Carthagène que nous verrons ensuite [3]).

En effet, vers 1905 on retira de la mer, près de Carthagène différentes ancres de grande taille en plomb, dont deux portaient des inscriptions grecques faisant allusion au culte rendu à des déités orientales, l'une avec l'invocation d'Aphrodite Sózousa et, l'autre, qui est celle qui nous occupe maintenant, avec celle de Zeus Kasios Sózon (Ζεὺς Κάσιος Σώ[ζων]). Les deux inscriptions sont similaires quant au tracé et à la disposition. Elles appartinrent sans doute à des navires qui faisaient le commerce avec les côtes

qu'il paraît, par pure ressemblance de noms: l'épithète de la divinité et le nom de la ville Kasiope.

1) Pour ces ,,pierres sacrées" voir F. Lenormant dans Dar.-Sagl., *s.v.* Baetylia; voir aussi *Bilderatlas zur Religionsgeschichte* IX-XI, *Die Religionen in der Umwelt des Urchristentums*, Leipzig-Erlangen, 1926, XII ss, fig. 89-92.

2) *Bell. Goth.*, IV, 22, p. 576 Dind., II, p. 607 Haury.

3) Pour ce culte au sujet duquel nous sommes mal documentés: F. Lenormant dans Dar.-Sagl., *s.v.* Casius; Drexler dans Roscher, *Myth. Lex.*, II, 970 ss; Adler dans *PWRE* X, 2, col. 2266, mais principalement A. Salac, Ζεὺς Κάσιος dans *BCH* 46, 1922, 160 ss; Th. Klauser dans *RLAntChrist.*, I, col. 1075.

de la Syrie à une date déjà avancée de l'époque impériale [1]).

APHRODITE SOZOUSA. Est citée comme 'Αφροδίτη Σώζουσα sur l'une des ancres de Carthagène. Voir ce qui a été dit à propos de Zeus Kasios.

ADONIS. Nous connaissons cette déité en Espagne intimement unie à Salambo (voir ce qui suit).

SALAMBO. Par l'acte de martyre des Saintes Justa et Rufina, Patronnes de Séville, nous avons connaissance de la présence de cette déité en Espagne. Cette relation est suffisamment explicite pour nous apprendre de curieux aspects du culte rendu à Salambo [2]).

Les actes constituent un document de caractère historique évident et sous cet aspect ils furent toujours reconnus. Le martyre

---

1) Cf. Laymond-Jiménez de Cisneros, *Anclas de plomo halladas en aguas del Cabo de Palos* dans *BRAH* 48, 1906, 153 ss; F. Fita, *ibidem*, 155 ss qui étudie la trouvaille du point de vue épigraphique et géographique. Adler dans *PWRE* X, 2, col. 970 ss; F. Moll dans *AA* 1929, 267 s et fig. 1; J. Martínez de Hidalgo dans *Revista General de Marina*, 1943, 771; J. Jáuregui-A. Beltrán, *Acerca de unas anclas romanas del Museo de Cartagena* dans *Crónica del II Congresso Arqueológico*, Albacete, 1946, 335 ss.

2) Cet acte est connu dès le milieu du XIIIe siècle par différents écrits. Le plus digne de foi paraît être celui contenu dans le *Breviarium Eborense*, publié en 1548 à Lisbonne. L'acte fut commenté au XVIe siècle par Rodrigo Caro qui vit déjà l'étroite relation existant entre Salambo et les fêtes d'Adonis-Thamuz et les dates du martyre des saintes coïncidant avec celles mentionnées dans le Santoral. (R. Caro, *Adiciones al libro de las Antigüedades de Sevilla y su Convento Jurídico* dans *Memorial Histórico Español*, I, 1851, 353-3: *Salambona, Venus diosa de Sevilla*). L'étude de Caro témoigne d'une érudition surprenante pour son temps puisqu'il devança de près de quatre siècles nos points de vue actuels. Cependant, le texte le plus fidèle fut publié peu après par Tamayo de Salazar dans son grand ouvrage *Martyrologium Hispanum*, Lyon, 1651-1659, IV, 165, rédigé d'après des manuscrits espagnols. Tamayo reconnut aussi, dans la déité de l'acte, la Salambo syrienne. Ensuite, le P. Flórez, dans son *España Sagrada*, Madrid, 1752, IX, 242, reprit le document. À notre époque — et faisant abstraction d'autres éditions et commentaires — il fut étudié par le P. Villada dans son *Historia eclesiástica de España*, I, Madrid, 1929, 1ère partie, 268 ss. Cependant, du point de vue actuel, l'étude la plus complète, nous la devons à Franz Cumont, *Les Syriens en Espagne et les Adonies à Séville* dans *Syria*, 8, 1927, 330 ss, étude que Villada ne put connaître.

des saintes a eu lieu au temps de Dioclétien et Maximin, probablement en l'an 287 [1]).

La confrontation des faits exposés dans les actes hagiographiques
des saintes avec d'autres faits connus par des textes païens relatifs
au culte des déités syriennes, a amené Cumont à expliquer et à
amplifier quelques aspects de la narration. Ces derniers nous
apprennent qu'il était habituel de planter dans certains récipients
les minuscules „jardins d'Adonis", 'Αδώνιδος κῆποι, plante de
floraison prématurée qui symbolise le renouveau de la nature
épuisée par l'ardent soleil estival [2]).

À Alexandrie selon Théocrite, XV 132, les fêtes en l'honneur
d'Adonis se terminaient par une procession solennelle à la fin de
laquelle les femmes, accompagnaient jusqu'au bord de la mer
l'image de l'adolescent, laquelle, ensuite, y était jetée. Certaine
inscription du Pirée fait mention aussi d'une „pompe" d'Adonis.
Des formes rituelles semblables se rencontrent dans d'autres
cultes par exemple dans ceux de la Magna Mater, d'Isis, etc. [3]).

---

1) La tradition, en résumé, narre ceci: Justa et Rufina fabriquaient et
vendaient de la vaisselle de terre dans un quartier de Séville qui correspond
à l'actuel Triana, sur la rive droite du Guadalquivir, en face de Séville. Un
jour de marché, une longue suite de femmes qui dansaient autour de l'image
processionnelle en pierre de Salambo (*idolum lapideum nomine Salabovem*
(sic)), passa sur les lieux où Justa et Rufina exposaient les produits de leur
travail, et, comme il se faisait alors, elles firent une collecte pour soutenir
leur culte. Elles demandèrent à Justa et Rufina l'un des récipients, mais
comme celles-ci refusèrent de le leur donner, les fanatiques de Salambo,
irritées par leur refus jetèrent à terre et mirent en pièces les objets exposés.
Furieuses à leur tour, Justa et Rufina se lancèrent impétueusement sur la
figurine processionnelle, la jetèrent à terre et la cassèrent. Les jeunes filles
furent arrêtées et après un long martyre qu'il est hors de propos de relater
ici, elles moururent.
2) Zenob., *Cent.*, I, no 49; Eusth., *ad Hom. Odyss.*, XI, 590; Plut., *De sera
numinis vindicta*, 17; Suidas *s.v.*; Théophr., *Hist. Plant.*, VI, 7, 3; Julien,
Conv., p. 329 ed. D.; cf. en général: P. Lambrechts, *La „résurrection" d'Adonis*
dans *Ann. Inst. Philologie et d'Histoire Orientales et Slaves* XIII, 1953 =
Mél. Is. Lévy, 1-34 et surtout p. 13.
3) Dans les fêtes de Séville, la procession était probablement similaire.
Elle devait parcourir la ville, aller ensuite loin dans la campagne jusqu'aux
confins de la Sierra Morena, car les actes disent explicitement qu'on obligea
les deux jeunes filles à cheminer pieds nus en suivant la procession jusqu'à
un lieu que le document dénomme *Mons Marianus* (*ad Montes Marianos iter
arriperet, per loca aspera et confragosa nudis pedibus post eum trahuntur*).

Cumont résume ses déductions en soulignant que, grâce à ces documents, il a pu reconstituer une partie des cérémonies propres aux Adonies, tout au moins telles qu'elles se célébraient en Espagne à la fin du IIIe s. de l'ère chrétienne. Il dit textuellement: ,,Elles étaient précédées d'une collecte faite par des danseuses sacrées promenant de quartier en quartier l'idole de Salambo, puis on plantait dans des pots de terre les éphémères ,,jardins d'Adonis''; à l'occasion de la fête, une procession conduite par le gouverneur lui-même, parcourait les campagnes et les dévots ou dévotes la suivaient nu-pieds, enfin le culte d'Adonis se pratiquait dans une grotte, où, à la fin de ces solennités, des poupées figurant le dieu mort étaient noyées dans l'eau d'un puits ¹). Le remplacement de la mer par l'eau d'un puits est une interprétation très vraisemblable. Cumont s'appuie sur le fait que, selon les actes dont nous traitons, le corps de Justa, morte en prison, fut jeté dans un puits très profond (*in altissimum puteum*) ²).

JUPITER DOLICHENUS. Nous n'avons à ce jour dans la Péninsule aucun témoignage certain de cette déité. Il est probable cependant, qu'il y est fait allusion dans la dalle votive de Villadecanos, aux environs du campement de la *Legio VII Gemina* (León) ³).

L'inscription dit: *ivliano ii et crispino co(n) s(ulibus)* | *pri(die)* *idvs febrvarias aemilivs* | *cilimedvs* | *l(ibens?)* *p(osuit?)* *pro salvte sva et* | *svorvm die iovis . . .* ⁴). À part de grandes roues et d'autres ornements de caractère symbolique, courants dans les stèles de la

1) Fr. Cumont, *l.c.*, 338.
2) Revenant aux données de caractère historique évident, il convient de tenir compte du fait que les dates du martyrologe fixent la mort des saintes sévillanes aux 17 et 19 juillet, jours qui sont, précisément, ceux de la fête d'Adonis d'Antioche, capitale de la Syrie. On l'y célébrait en effet aux dates précitées (voir Cumont, *l.c.*, 338 ss). Comme les saintes moururent quelques jours après les fêtes d'Adonis, il est probable que l'on choisit pour commémorer le martyre les deux fêtes extrêmes des Adonies, c'est-à-dire, dans certaines églises, le 17 juillet et, dans d'autres, le 19 du même mois.
3) R. Rodríguez dans *MMAP* 3, 1942-1943; R. D. B. dans *JRS* 60, 1946, 135, lui dédia quelques lignes, faisant allusion à son caractère probablement dolichénique. Je lui consacrai ensuite un article dans *Zephyrus* 11, 1960, 199 ss abondant dans le même sens et ajoutant quelques parallèles péninsulaires de plus.
4) La pierre est une ardoise bleutée et mesure 1.45 m de longueur, 0.70 m de hauteur et a une épaisseur qui n'excède pas 1.50 m.

région, ce qui retient surtout l'attention, c'est l'édicule à l'intérieur
duquel — et sur un autel qui porte *la/pat* (*us* ?) — se dresse une feuille
de (*lapatus* ?) similaire à celles que l'on rencontre si fréquemment
dans les sanctuaires de Dolichénus de Mauer an der Url et Heddernheim [1]). L'inscription porte l'année consulaire de 224 de notre ère et
précisement le jeudi 12 février. Des feuilles semblables à celles de
l'inscription de Villadecanos figurent aussi sur deux stèles de la
région navarroise [2]).

1) Cf. pour celles de Mauer: P. Merlat, *Répertoire des inscriptions et monuments du culte de Jupiter Dolichenus*, Paris, 1951 (voir index); A. H. Kan,
Jupiter Dolichenus, Leiden, 1943, 87 ss et Pls VII et VIII. Pour celles de
Heddernheim: H. B. Walters, *B. M. Silver Plate Catalogue*, nos 224 ss; H.
Lehner, *Orientalische Mysterienkulte im römischen Rheinland* dans *BJ* 129,
1924, 79 ss; Merlat, 305 ss; Kan, 141 ss, nos 272 ss.
2) A. García y Bellido dans *Zephyrus* 11, 1960, 202 et figs. 2-3.

CHAPITRE XI

ISIS*

De tous les cultes orientaux pratiqués dans la Péninsule Ibérique, celui d'Isis est le plus répandu (fig. 11). On en trouve des témoignages dans toute la péninsule, plus nombreux, il est vrai, dans les régions les plus romanisées et particulièrement dans celles du Midi. La totalité des monuments isiaques de toute sorte connus jusqu'-aujourd'hui dépasse la soixantaine, et le chiffre des localités où ils ont été découverts s'élève à une quarantaine.

Quant à l'ancienneté du culte d'Isis en Espagne, nous savons seulement qu'il était couramment pratiqué au premier siècle de l'Empire. Il faut cependant signaler le fait important que, bien auparavant, le trafic commercial des peuples de la Méditerranée orientale avec l'Occident, avait facilité la venue de gens qui connaissaient cette déesse égyptienne. C'est ainsi que nous trouvons le nom d'Isis, gravé en caractères hiéroglyphiques, sur un vase de verre qui fait partie de l'ensemble des joyaux orientaux de l'Aliseda, célèbre dans les annales de l'archéologie hispanique, et dont la date remonte aux VIIIe-VIIe siècles av. J.-C. (no 13). Entre cette date et les premiers documents romains, il n'existe pas de vestiges intermédiaires.

Les documents isiaques de la Péninsule n'offrent pas de grandes nouveautés, malgré leur abondance. Ce sont des inscriptions, votives pour la plupart, de grandes statues en marbre, des bronzes, généralement petits, avec l'image d'Isis kourotrophos, des terres cuites et des lucernaires, le plus souvent avec la triade Isis — Horus — Anubis, ou, moins souvent, avec le couple Sérapis — Isis. Cependant, il faut distinguer les deux inscriptions d'Acci (Guadix) avec listes d'ornements d'une grande richesse offertes à Isis (nos 2 et 3), et la curieuse figurine d'*Igabrum* (Cabra), avec la dédicace d'un *Collegium* de potiers (no 15).

Les épithètes adressées à Isis sont également les plus courantes:

* Voir ici les addenda de la p. 166.

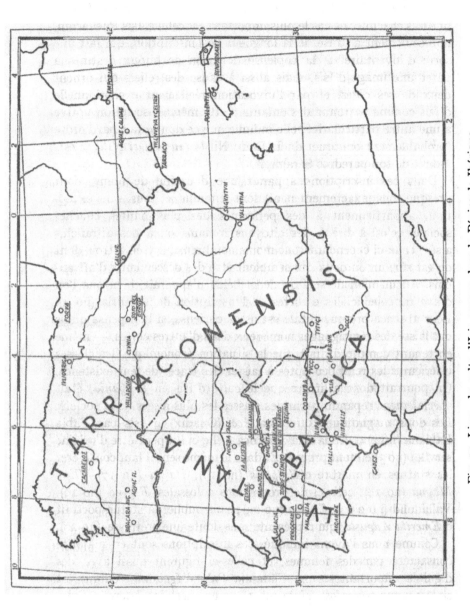

Fig. 11. Lieux du culte d'Isis connus dans la Péninsule Ibérique.
Les noms soulignés sont des noms modernes.

Isis Augusta, deux fois (nos 6 et 10); *Isis Domina*, deux fois (nos 11 et 12); *Isis Pelagia* (no 5), *Isis Puellarum* (no 2) et *Dea Isis* (no 3), une fois chacune. Le cas le plus important est celui d'Isis Puellarum, non seulement à cause de la longueur de l'inscription, qui fait une sorte d'inventaire de la copieuse donation de bijoux destinés à parer une image d'Isis, mais aussi à cause des reliefs qui ornent deux de ses côtés, et par l'invocation réellement exceptionnelle d'Isis comme patronne des enfants. Cette même inscription votive a une autre particularité: elle indique que ce don se fait par l'ordre (probablement onirique) du Dieu du Nil (*ex iussu Dei Nili*), c'est-à-dire, de son paredros Sérapis.

Dans ces inscriptions apparaît une douzaine de noms, dont presque tous (exactement neuf) sont féminins, et tous, sans exception, appartiennent à des personnes des plus hautes couches sociales, c'est-à-dire à des citoyens romains ou à des affranchis aisés; ceux-ci cependant sont moins nombreux: il y en a trois dont on est sûr, un ou deux qui semblent être des descendants d'affranchis. Aucun nom de serf ou de plébéien n'apparaît, bien que l'on doive rappeler ici les esclaves de l'inscription de Valentia (no 4). Leur absence presque totale est assez curieuse, si l'on pense qu'ils ont laissé des témoignages nombreux dans d'autres cultes, — même en tenant compte du fait que la situation économique des classes inférieures les rend peu aptes à laisser des traces de leur existence. On pourrait donc affirmer que le culte d'Isis en *Hispania*, était spécialement répandu parmi les classes les plus aisées de la société. Les dons magnifiques offerts à *Acci* (Guadix), à Isis par Fabia Fabiana (no 2) et Livia Chalcedonica (celle-ci fut peut-être d'origine servile) (no 3) en font preuve. Et dans le même sens il faut considérer les statues en marbre d'*Hispalis* (no 16), *Italica* (no 17), *Ilipa Magna* (no 18), celle-ci de proportions colossales, *Regina* (no 19), Valladolid (no 23) et *Clunia* (no 24); sans oublier la statue-portrait d'*Emerita Augusta*, qui représente sans doute une prêtresse (no 20).

Comme nous l'avons indiqué, ces inscriptions sont en majorité consacrées par des femmes, et celles-ci figurent aussi avec des dignités importantes: une Flaminia Pale d'*Igabrum* (Cabra) est citée comme (*sacerdos*) *isiaca* (no 1), et une certaine Lucretia Fida, de *Bracara Augusta* (Braga), comme *sacerdos perpetua Romae et*

Augusti (ou *Augustorum*) du *Conventus Bracaraugustanorum* (no 10) : elle devait être une femme de qualité.

Quant aux congrégations explicitement isiaques, nous ne possédons aucun témoignage de leur existence. Nous connaissons cependant deux associations qui offrent des ex-voto collectifs à Isis : celle de *Valentia* (no 4), formée par des esclaves vernaculaires (*Sodalicium vernarum*), et celle d'*Igabrum* (Cabra), constituée par des fabricants de lucernaires (*Collegium illychiniariorum Prati Noui*) (no 15).

A) DOCUMENTS ÉPIGRAPHIQUES

1. *Inscription d'Igabrum*

Igabrum est l'actuelle Cabra, dans la province de Cordoue. L'inscription [1]), qui se trouve aujourd'hui au Musée Archéologique de Madrid (inv. 16773), est la suivante : *Pietati Aug(ustae) | Flaminia Pale | isiaca igabrens(is) | huic ordo m. m. | igabrensium | ob merita | statuam decr(evit) | quae honore | accepto impens(o) | remisit.*

Isiaca igabrensis signifie sans doute *sacerdos publica Isidis*.

2. *Monument d'Acci*

En 1623 l'on découvrit à l'ancienne *Acci*, aujourd'hui Guadix, dans la province de Grenade, un monument isiaque. C'est l'un des plus importants dans son genre que l'on connaisse jusqu'à présent, et il a été soigneusement conservé. Ce monument est depuis peu l'ornement du Musée Archéologique de Séville, grâce au don généreux du Duc de Medinaceli. Il s'agit d'un parallélépipède de 76 cm. de hauteur dans la partie conservée, dont le front montre une dédicace gravée en lettres de trois grandeurs différentes, mais où sont employés les caractères qui sont usuels vers le milieu du IIe siècle apr. J.-C. Sur le côté droit (Pl. X) on voit une partie d'un relief qui représente un pâtre nu assis sur une roche qu'il couvre à demi de son manteau ; il a une houlette à la main droite, et s'appuie de l'autre main sur la roche. Il s'agit peut-être d'Osiris. En face de lui s'élève un tronc d'arbre avec un oiseau dont la tête manque,

---

1) *CIL* II, 1611. C'est ici que l'on a trouvé également la sculpture signalée sous le no 15.

mais qui pourrait être l'épervier ou le faucon sacré. Au-dessous il y a un bœuf qui s'achemine vers la gauche, et qui porte un croissant de lune sur la tête. C'est sans doute le bœuf Apis. Du côté droit de l'inscription il y a un autre tableau en relief (Pl. XI), complet cette fois, qui montre une figure humaine vêtue d'une longue tunique et d'un manteau, marchant vers la droite et portant entre ses mains, à ce qu'il paraît, une torche. Ses pieds, chaussés, s'appuient sur un sol rocheux. Sa tête de chien, ou de chacal, nous dit que c'est Anubis. En face de lui il y a un palmier, et entre les deux l'ibis et un buisson d'herbe [1]).

L'inscription (sauf les corrections que l'on donne à la fin) a été dûment publiée par Hübner dans le *CIL* II, 3386, et nous préférons en donner la traduction, que voici:

,,À Isis, protectrice des jeunes femmes, Fabia Fabiana, fille de Lucius, donne, par ordre du dieu du Nil et en l'honneur de sa très pieuse petite-fille Avita, un *pondus* d'argent de cent douze livres et demie, deux onces et demie et cinq scrupules. En outre les ornements suivants: pour le diadème de la déesse, six perles de deux espèces différentes (*unio et margarita*), deux émeraudes, sept cylindres, une escarboucle, une hyacinthe et deux pierres de foudre (*cerauniae*). Pour les oreilles, deux émeraudes et deux perles. Un collier de trente-six perles, dix-huit émeraudes et deux autres perles pour les charnières de la fermeture. Pour les jambes, deux émeraudes et onze cylindres. Dans les bracelets, huit émeraudes et huit perles. Pour le petit doigt, deux anneaux de diamants. Pour l'annulaire, un anneau avec plusieurs émeraudes et une perle. Pour les sandales, huit cylindres''.

Dans la seconde ligne, Hübner avait interprété le *N* suivi d'une rupture comme le commencement du nom du dieu local Neto [2]). Lafaye [3]) restitua avec bonheur *dei Nilotici* (dieu du Nil) qui fait probablement allusion à Osiris; ou, mieux encore, à Sérapis. Cet inventaire est semblable à celui de Nîmes et à celui de *Virunum* (*Noricum*).

[1]) Pour ces reliefs, voir García y Bellido, *Esc. Rom.*, no 397, Pl. 281.
[2]) Cf. Macrob., *Sat.*, 1, 19, 5.
[3]) *CIL* II, 3386; H. Lafaye, *Histoire du culte des divinités d'Alexandrie* . . . *hors de l'Egypte*, Paris, 1884, 136, 291, no 97; M. Menéndez y Pelayo, *Heterodoxos españoles* I², Madrid, 1912, 497 s.

3. *Inscription d'Acci*

Également à Guadix (*Acci*) on a trouvé une autre inscription isiaque importante [1]) très semblable à la précédente par son contenu, mais plus courte. Elle était déjà connue au XVIIIe siècle. La voici: *Livia Chlcedonica* (sic) / *Isidi Deae D.* / *H. S. E.* / *ornata ut potuit* / *in collo H monile* / *gemmeum indigitis* / *smaragd XX dextr.* / . . .

4. *Inscription de Valentia*

Valentia, l'actuelle Valence. Inscription trouvée en 1750 [2]). Elle dit: *Sodalicium* / *vernarum* / *colentes* (sic) *Isid(em)*. Pierre en marbre noir.

5. *Inscription de Saguntum*

À Sagunto, au N. de Valence, on a trouvé il y a quelque temps, près des murs du Château et du Calvaire, une plaque commémorative qui a été transportée au Théâtre romain en 1930. Son étude n'avait pas été publiée jusqu'à présent. Nous ne connaissons pas l'inscription, mais d'après le texte publié [3]) on peut proposer une lecture différente de celle que donne l'éditeur, qui n'a pas vu qu'il s'agissait d'Isis Pélagie. Voici notre lecture: *M(arcus) Vale[rius]* / *Isid[i]* / *Pelag[iae]* / *v(otum) s(olvit) l(ibens) m(erito)*.

6. *Inscription de Tarraco*

Pons d'Icart [4]) avait vu, au XVIe siècle, dans la zone suburbaine de la ville des restes de constructions d'un temple, et notamment trois colonnes ioniques. Sous ces ruines, on découvrit une plaque isiaque qui se trouve encore au Musée de Tarragone. Cette plaque appartenait probablement au temple, qui aurait été, par conséquent, un iseum ou un serapeum. L'inscription est la suivante: *Isidi Aug(ustae)* / *sacrum* / *in honor(em)* / *et memoriam* / *C . . . liae Sabinae* / *Clod(ia) O(rbi)ana* / *mater* / *Sempronia Lychnis* / *Avia*.

Lychnis pourrait être en rapport avec *Isis* [5]).

1) *CIL* II, 3387.
2) *CIL* II, 3730 = Suppl., 6004.
3) P. Beltrán, *Noticiario Arqueológico Hispano* III-IV, 1954-55, 164, paru en 1960.
4) Pons d'Icart, *Libro de las grandezas de Tarragona*, 1572, chap. 36; *CIL* II, 4080 (sans l'indication d'Icart).
5) Cf. A. García y Bellido dans *Homm. W. Deonna*, 240 ss et ici p. 113 no 15.

7. Inscription d'Emporiae

Sur un vase de *terra sigillata*, forme Dragendorff 24-25, dans la partie extérieure, un graphite avec dédicace à Isis [1]). Il a été trouvé dans la Muraille Robert en 1945. L'inscription dit simplement: *Isidi*.

8. Inscription d'Aquae Calidae

Les actuelles Termas de Caldas de Monbuy, dans la province de Barcelone. Près de la chapelle du Saint Sauveur, on a trouvé en 1839 l'inscription suivante [2]): *P. Licinius Phi/letus et Lici/nia Crassi Lib(erta) | Peregrina Isidi | v. s. l. m. loc. ac. p. a. re. pub.* Mommsen suggéra pour la dernière ligne *ac(cepit) P(hiletus)*.

9. Inscription d'Aquae Flaviae

Dans l'Outeiro Jusâo, près de Chaves, l'ancienne *Aquae Flaviae*, on a trouvé en 1932 cette inscription [3]): *Insidi* (sic) | *Cornelia* | *Saturnina* | *ex voto*. Il est évident qu'il faut lire *Isidi* à la première ligne.

10. Inscription de Bracara Augusta

On connaît depuis le XVIe siècle, et on conserve encore à San Geraldo de Braga, une plaque avec l'inscription suivante [4]). *Isidt Aug(ustae) sacrum | Lucretia Fida sacerd(os) Perp(etua) | Rom(ae) ei Aug(usti) | Conventuus* (sic) *Bracaraug(ustanorum) d(at)*. D'après ses caractères épigraphiques, elle doit appartenir au milieu du IIe siècle [5]).

11. Inscription de Salacia

Dans Alcácer do Sal, l'ancienne *Salacia*, Cornide avait vu au XVIIIe siècle une plaque, aujourd'hui perdue, avec l'inscription

---

1) M. Almagro, *Inscripciones Ampuritanas*, Barcelone, 1952, 266 add. 43.
2) *CIL* II, 4491.
3) M. Cardozo, *Algumas inscriçoês lusitano-romanas da Regiâo de Chaves*, Chaves, 1943, 9. = *AE* no 277; S. Lambrino, *Div. Or.*, 13.
4) Nous citons uniquement la bibliographie la plus récente et la plus importante: *CIL* II, 2416 = Dessau, 6924; Leite de Vasconcelos, *RL*, III, 342; F. Rusell Cortez, *A ara grecorromana do Castro de Fontes* dans *Anais do Instituto do vinho do Porto*, Porto, 1948, p. 44 du tirage à part et fig. 6, où l'on donne une reproduction photographique de l'inscription.
5) Cf. Hübner, *Exempla*, 151.

suivante[1]): *Isidi Dominae | M. Octavius Octaviae | M. f(iliae) Mar-cellae Moderatillae lib(ertus) Theophilus | v(otum) s(olvit) l(ibens) a(nimo).*

12. *Inscription de Torre de Miguel Sesmero*

Torre de Miguel Sesmero, à quelque 35 km. au Sud de Badajoz. *Isidi Dominae | ex testamento | Scandiliae C(ai) f(iliae) Campanae.* Mallon et Marin supposent que la *Turobriga* de Pline (III, 14) a pu se trouver ici [2]).

13. *Hiéroglyphe égyptien de la Aliseda*

Au lieu nommé La Aliseda, dans la province de Cáceres, on a trouvé le trésor célèbre du même nom, conservé aujourd'hui au Musée Archéologique de Madrid [3]). Ce trésor peut se dater des VIIIe-VIIe siècles. On y trouve un vase de verre avec une inscription en caractères hiéroglyphiques, où le nom d'Isis apparaît sous cette forme: *dd(mdw) in'Is.t* = sentence d'Isis, selon la formule fréquente dans les textes religieux égyptiens. Ce vase est de la même date que le trésor.

14. *Plaque isiaque de Micia, en Dacie*

Nous signalons, comme document indirect, celui que l'on a trouvé en Micia, dans l'ancienne Dacie [4]). Son inscription est un vœu de gratitude adressé à Isis par l'aile I de la chevalerie de *Hispani campagones: Dea (I)s[idi] | Reg(inae) | ala I Hi[spa(norum)] | Campa[gon(um)] | sub cur[a] | M. Pl(auti) ? Ru[(fi)] praef(ecti) alae (?) equo publ[ico] v(otum) s(olvit) l(ibens) [m(erito)].*

15. *Statuette de Pratum Novum*

Près de Cabra, l'ancienne *Igabrum*, dans la province de Cordoue, et au lieu nommé La Chicorra, on a trouvé la statuette de marbre que l'on conserve aujourd'hui au Musée de Cordoue [5]). Elle repré-

---

1) *CIL* II, 33; Leite de Vasconcelos, *RL*, III, 341.
2) *CIL* II, 981; J. Mallon et T. Marin, *Scripturae*, II, Madrid, 1951, no 14.
3) A. Blanco dans *AEArq.*, 29, 1956, 5.
4) *CIL* III, 1342.
5) A. García y Bellido, *Isis y el Collegium Illychiniariorum del Pratum Nouum* dans *Hommages à Waldemar Deonna*, Bruxelles, 1957, 238 ss avec deux figures.

sente Isis couchée sur le sol d'une manière très semblable à celle du bronze de Soto del Burgo (cf. ici no 26). Elle appuie le bras gauche sur une amphore d'où l'eau coule abondamment. Derrière ce récipient apparaît un crocodile. De sa main gauche, Isis soutient une corne d'abondance. Le bras droit, étendu le long du corps, soutenait peut-être un gouvernail. Cette figure est de mauvaise qualité, et la tête et la main droite manquent. En revanche, l'in-scription-dédicace a été conservée dans son entier: *T(itus) Flavius Victor Colleg(ii)* | *Illychiniariorum Prati Novi D(onum)* [*D(edit)*]. Il s'agit sans doute d'un ex-voto ou d'une dédicace adressée à Isis par un *collegium* de potiers fabricants de lampes, dont le métier était lié intimement au culte d'Isis (cf. ici no 6). On peut vraisemblablement la dater du début du IIᵉ siècle de notre ère. C'est à Cabra que l'on avait trouvé également l'inscription qui rappelle une prêtresse d'Isis (voir no 1).

B) STATUAIRE

16. *Isis assise avec Horus* (?), *de Hispalis*

Elle fut trouvée enfouie dans l'Alcazar de Séville (l'ancienne *Hispalis*) en 1606. Elle mesurait environ un mètre de hauteur, et était taillée dans une pierre noire très dure, probablement du basalte. Elle représentait Isis assise ayant sur les genoux une figure de Horus avec des bandages à mi-corps, les bras croisés sur la poitrine et un fouet à la main. Le siège ou chaise avait des incisions hiéroglyphiques sur les deux côtés. Cette statuette fut transportée à Madrid par le Comte de Monterrey, qui l'emporta à Rome par la suite. Nous n'avons pas pu découvrir où elle se trouve à présent [1]).

17. *Statue d'Italica*

Italica est l'actuelle Santiponce, près de Séville. Un texte arabe

---

1) On doit la notice et la première description de la statue à Rodrigo Caro, qui l'avait vu au début du XVIIᵉ siècle: *Adiciones al Principado y antigüe-dades de Sevilla y su Convento Jurídico* (éd. Bibliófilos Andaluces), Séville, 1932, 7 ss. Elle fut reprise par Cean Bermúdez, *Sumario de las Antigüedades romanas que hay en España*, Madrid, 1932, 249 s et E. Hübner, *Die antiken Bildwerke in Madrid*, Berlin, 1862, 316.

nous donne cette notice: ,,Il y avait à Talika [= Italica] . . . une statue de femme en marbre blanc de grandeur nature . . . Sur ses genoux elle avait un enfant pressé contre elle. Un serpent se haussait à ses pieds, comme s'il voulait mordre l'enfant''. Ce texte semble décrire une Isis *kourotrophos*, mais on ne saurait expliquer la présence du serpent. Le texte ajoute: ,,elle se trouve aujourd'hui dans les bains de Séville''. Ce qui permettrait de supposer que l'Isis dont parle Rodrigo Caro (voir no 16) pourrait être celle d'Italica; mais la différence de couleur de la pierre, et peut-être celle des dimensions, s'opposent à cette affirmation. Makkari parle d'elle à deux reprises et cite des vers qui lui ont été adressés par un poète arabe [1]).

18. *Tête d'Ilipa Magna*

C'est l'actuelle Alcalá del Río, dans la province de Séville. Marbre blanc. Hauteur 0,51 m. Trouvée au XIXe siècle. Conservée au Musée Archéologique de Séville. Elle appartenait à une statue colossale d'environ deux mètres et demi de hauteur. Cette statue devait être représentée comme Isis Pélagie ou encore comme Isis-Tyche, selon le culte des marins, car Alcalá del Río était un port très actif pendant l'Antiquité, et en rapport avec Alexandrie et Ostie selon les références de Strabon. Elle semble être une œuvre du IIe siècle de notre ère [2]).

19. *Statue de Regina*

Dans l'ancienne *Regina*, l'actuelle Reina, dans la province de Badajoz, on trouva à une date inconnue une grande statue de marbre d'Isis, non loin du théâtre romain: elle faisait peut-être partie de sa décoration, comme les déesses qui figuraient sur la scène du théâtre voisin de Mérida. Sa hauteur est de 1,35 m., sans la tête, qui manque, ainsi que les bras. Elle appartient au type classique de ces images, et ressemble à celle de Valladolid (ici no 23) et à tant d'autres, mais il y a des différences curieuses comme la forme des plis et la mantille, qui tombe sur les épaules,

---

1) Lévi Provençal, *La Péninsule Ibérique au Moyen-Age d'après le Kitab ar-Rawd*, Leyde, 1938, no 112.
2) García y Bellido, *Esc. Rom.*, no 136, Pl. 103.

et qui probablement couvrait aussi la tête. Ses parallèles les plus proches (quoique ne suivant pas le même type général) sont celles de Vienne, de Cyrène (British Museum) et du Musée Torlonia. Nous ignorons où elle se trouve actuellement. Elle était auparavant à Ahillones [1]).

20. *Portrait d'une prêtresse d'Isis d'Emerita Augusta*

Au cours des fouilles effectuées en 1957 dans la ,,Casa de la Madre'', à Mérida, apparut une tête de femme déjà vieille, en marbre (Pl. XII), sans doute appartenant à une statue, dont devait faire également partie une main avec sistre, trouvée auprès d'elle. Ces pièces sont de grandeur nature. Il s'agit, semble-t-il, d'un portrait de prêtresse isiaque. Il est curieux de remarquer qu'elle est coiffée d'une chevelure dénouée qui retombe des deux côtés encadrant le visage. Elle paraît être une œuvre du Ier siècle apr. J.-C. On connaît de la même Mérida divers objets isiaques mineurs, enregistrés aussi dans ces mêmes pages. Inédite jusqu'à présent, elle est conservée au Musée Archéologique de Mérida.

21. *Statue isiaque d'Emerita Augusta* (?)

On rappelle ici, mais avec hésitation, une figure parmi les diverses statues indéterminables quant à leur signification apparues dans ce qui devait être le sanctuaire mithriaque *emeritense* du Cerro de San Albin, dont nous traitons plus loin (p. 26 ss). C'est une figure féminine, debout, dont les vêtements semblent s'apparenter à d'autres de caractère isiaque [2]). On ne s'en étonnerait pas, puisque l'on a trouvé dans ce sanctuaire mithriaque de Mérida une belle tête de Sérapis (Pl. XVI).

22. *Statue de Pax Iulia*

Beja, l'ancienne *Pax Iulia*, colonie romaine et tête du *Conventus* du même nom. Un archéologue du XVIIIe siècle nous dit que, à trois lieues de Beja, on trouva une statue qui représentait ,,Isis

---

1) Mélida, *CMBadajoz*, no 1847; A. García y Bellido, *Esc. Rom.*, no 161, Pl. 121 avec la bibliographie précédente.
2) Pour la bibliographie, voir p. 26. Cette figure, spécialement, dans García y Bellido, *Esc. Rom.*, no 184, Pl. 139.

enveloppée, comme les momies, des pieds au cou" [1]). C'est un type connu, mais rare, et unique dans la Péninsule (cf. celui de l'agora de Cyrène).

23. *Statue de Valladolid*

De cette ville, dit-on, provient la statue d'Isis acéphale conservée aujourd'hui au Musée Archéologique de cette localité. Elle est en marbre et mesure 1,53 m. de hauteur. C'est une des plus belles images de cette divinité qu'il nous ait été conservé dans la Péninsule. Elle ne possède ni tête ni bras; les mains porteraient les instruments isiaques usuels: *sistrum* et jarre. Elle est du même type que l'Isis de Naples, mais avec cette différence, que les franges du voile s'arrêtent plus haut. Elle ressemble plus à l'exemplaire du Prado (mal restauré) et à celui du British Museum. Elle paraît être une œuvre du IIe siècle de notre ère [2]).

24. *Statue de Clunia*

Clunia, tête du *Conventus Cluniensis* (*Prov. Tarraconensis*), près de l'actuelle Coruña del Conde, au Sud de la province de Burgos. C'est une statue en marbre, de 1,01 m. de hauteur (Pl. XIII). Elle a été trouvée le 16 février 1852. Il y avait à cet endroit cinq colonnes, et près de la figure on recueillit trois petites ailes de bronze, quelques vases, des morceaux d'ivoire, des cornes de cerfs et une plaque consacrée à la santé d'Hadrien par les colons de Clunia [3]). Musée Archéologique de Burgos.

Les bras de la statue devaient être postiches. Elle porte un long manteau qui, descendant de la tête, retombe par derrière jusqu'au sol. La déesse portait sur le front ses attributs (cornes, plumes, disque et, peut-être, le serpent uraeus), dont seuls quelques vestiges subsistent. La figure suit en général les normes classiques pour cette espèce d'images, mais avec quelques particularités très peu fréquentes, telles que la disposition et forme des plis, le nœud pectoral et le décolleté. Elle devait porter le *sistrum* de la main

1) Cf. L. de Vasconcelos dans *ArqPort.*, I, 1895, 343, no 4.
2) A. García y Bellido, *Esc. Rom.*, no 162, Pl. 122 avec la bibliographie précédente.
3) *CIL* II, 2779.

droite et la jarre de la main gauche. Cette œuvre paraît être du IIᵉ siècle, date attestée également par la forme du socle. Il est probable qu'elle appartient à l'époque d'Hadrien et que, par conséquent, elle a quelque rapport avec la plaque déjà citée [1]).

C) FIGURINES EN BRONZE

25. *Isis à l'étendard, en bronze, de Pollentia*

Cette enseigne a été trouvée à La Alcudia de Mallorca, emplacement de la colonie romaine *Pollentia*. Elle mesure 76 cm. de hauteur. Elle est conservée au Musée Archéologique de Madrid, où elle est entrée en 1927 [2]). Cette enseigne est du même genre que celle qui se trouve au Musée de l'Armée de Paris, mais elle est mieux conservée. Entre les divinités en forme de figurines de bronze qui l'ornent, il y a une Isis debout, à côté d'autres figures semblables de Diane, Tyche et Sérapis. Il manque une quatrième figurine, qui serait probablement Apollon.

26. *Bronze de Soto del Burgo*

Soto del Burgo (province de Soria) se trouve à 9 km. de Burgo de Osma. Cette figurine a été trouvée entre des restes de constructions romaines, avec de la céramique ibérique tardive, des cendres et de nombreux résidus de bovidés et de petits ruminants. Elle est en bronze et a 8,5 cm. de long. Elle appartient à des particuliers [3]). Elle représente Isis = Tyche allongée sur une ,,kline'' semblable à celles des sarcophages orientaux. Elle est coiffée d'un diadème orné de fleurs à quatre pétales, sur lequel apparaissent les attributs isiaques connus, dont il ne reste que l'amorce. Deux longs tire-bouchons tombent des tempes. La figure semble se reposer, en appuyant la tête sur la main gauche, et le coude sur la ,,kline''. La main droite empoigne le gouvernail à double pale ou rame. Il faut remarquer l'absence du nœud isiaque, remplacé par un autre qui serre la poitrine au-dessous des seins. Il semble qu'elle ne portait pas non plus la corne d'abondance. Le fait que

---

1) A. García y Bellido, *Esc. Rom.*, no 163 avec la bibliographie précédente.
2) F. Álvarez Osorio, *Enseña romana de bronce*, Madrid, 1929.
3) T. Ortega dans *AEArq.* ,22, 1949, 415 ss et fig. 1-5.

l'on a trouvé à côté de la figure une petite roue, également en bronze, pourrait suggérer l'identification de cette déesse avec Némésis (cf. ici p. 93 no 14, 2).

27. *Statuette en bronze de Forúa*

Forúa est une localité proche de Guernica, dans la province de Biscaye. En 1949, en creusant une cave, on a trouvé à son entrée une statuette en bronze de 7 cm. de hauteur, en même temps que des restes de céramique en *terra sigillata* tardive. Elle est conservée au Musée de Bilbao [1]). Isis est représentée à la manière habituelle, debout,tenant le gouvernail à la main droite et le corne d'abondance à la main gauche. Sur la tête, elle montre les attributs accoutumés, appuyés par derrière à une espèce de *modius* ou *kalathos*.

28. *Bronze de Beniparraxet*

Cette localité, près de San Luis dans l'île de Minorque, a donné un petit bronze de 10 cm. de haut, qui représente Isis-Tyche debout, avec sa corne d'abondance à gauche et son gouvernail à droite. Elle faisait partie de la collection Pons Soler, à Mahon, quand nous l'avons vue en juin 1949. Elle a dû être trouvée avant 1880. Cette figurine est faite avec beaucoup d'art.

D) ISIS KOUROTROPHOS

Nous connaissons dans la Péninsule divers exemplaires en bronze du type d'Isis représentée assise avec Horus sur les genoux, tous de dimensions réduites, comme d'habitude (celles de *Hispalis* (no 16) et *Italica* (no 17) devaient être de grandes proportions). Les voici:

29. Tarragone, collection particulière. Trouvée [2]) dans certaines fouilles que l'on n'a pas précisées. Mesure 10 cm.

30. Tarragone. Trouvée en 1852, dans le lieu appelé Bosch Negre, avec un scarabée et une autre figurine égyptienne [3]).

---

1) Inédite jusqu'à présent.
2) A.-M. Gibert, *Tarragona Prehistórica y Protohistórica*, Barcelone, 1909, 187 et figure.
3) R. del Castillo dans *BRAH* 54, 1909, 169 ss.

31. Cadix, mais on n'est pas certain de cette origine. Elle avait été achetée à un antiquaire, dans cette ville, vers 1940-41, avec un lot de bronzes ibériques, probablement restes d'une collection privée. Elle a été déposée au Musée de Badajoz, où elle se trouve toujours. Elle mesure 11 cm. de haut.

32. Dans la collection de D. Fernando Calzadilla, à Badajoz. On dit qu'elle a été trouvée à Cáceres.

33. Dans la collection formée à la fin du XVIIIe siècle par Don Pedro Alonso O'Crouley [1]), figurait une Isis ,,avec lune et globe sur la tête et un enfant sur sa jupe'', en bronze, de six pouces de haut. On ne connaît pas son origine, et nous ne savons pas où elle se trouve actuellement.

E) FIGURINES EN TERRE CUITE

34. *Terre cuite de Villanueva y Geltrú*

Musée Balaguer, à Villanueva y Geltrú (prov. de Barcelone). Terre cuite de 0,15 cm. dans la partie conservée. Il n'y a pas de document sur son origine, mais elle doit avoir été trouvée sur place. Elle est du genre connu, avec mante haute, comme soutenue par une *peineta*, à l'usage de la mantille espagnole, attributs et diadème sur la tête et deux longues tresses tombant jusqu'aux épaules. Le reste manque, et l'on ne peut pas savoir si elle avait le nœud isiaque caractéristique [2]).

35. *Terre cuite de Corduba*

Dans les fouilles entreprises au-dessous du palais de la famille Herruzo, on avait trouvé des restes d'une ville romaine, et parmi eux un fragment de céramique qui semble représenter une tête d'Isis avec sa coiffure caractéristique et ses attributs sur la tête. Ceux-ci sont grands, mais malheureusement ils ne sont pas claire-ment reconnaissables. Ce fragment, qui mesure 10 cm., a dû appartenir à une plaque. Il est conservé dans une vitrine avec l'ensemble des trouvailles.

1) F. J. Sánchez Cantón dans *BRAH* 111, 1942, 221.
2) P. Paris, *Isis, terre cuite du Musée Balaguer à Villanueva y Geltrú* dans *Bulletin Hispanique* 5, 1913, 1 ss, avec une planche.

36. *Tête de l'Algarve*

Dans cette province méridionale du Portugal, on cite une terre cuite conservée aujourd'hui au Musée Ethnologique Leite de Vasconcelos, à Belem, près de Lisbonne. Cette tête a été faite en deux parties, antérieure et postérieure, unies par la suite seulement sur les bords latéraux, et laissant ouvert le reste. La déesse est coiffée d'un bouquet de feuilles de lierre (?) en forme de nimbe, avec les emblèmes isiaques usuels [1]).

F) LUCERNAIRES

Les représentations isiaques en lucernaires sont relativement fréquentes. Ceux qu'on a trouvées dans la Péninsule Ibérique sont de trois types: *a*) Isis seule, en demi-buste; *b*) la triade Isis, Harpocrate (Horus) et Anubis debout, celui-ci avec la tête de chacal, celui-là représenté comme enfant, le doigt sur la bouche; et *c*) Isis et Sérapis en buste et de front.

Groupe a

37. Peroguarda, localité de l'Alemtejo. On a trouvé ici trois lucernaires identiques, avec la figure d'Isis en buste [2]).

38. Fragment du Musée de Mérida [3]). Sans éléments documentaires. Identique à un autre de Tamuda (N. du Maroc) avec la signature CCORVR.

39. Fragment du Musée d'Elche.

40. Lampe de Torre das Arcas (Elvas), sur un tombeau d'inhumation [4]).

Groupe b

41. Montemayor (l'ancienne *Ulia*), dans la province de Cordoue. En 1879 on avait trouvé ici un lucernaire avec la représentation

1) L. de Vasconcelos, *RL*, III, 343, fig. 152.
2) *Arquivo de Beja* 13, 1956, 135 nos 65 et 73 et les figures correspondantes sur les planches I et II.
3) Cf. *MMAP* 6, 1945, 211 no 17, pls 91, 17.
4) A. Viana dans *AEArq.*, 28, 1955, 252 no 43.

de la triade. D'après son style, il est possible de le placer au Ier siècle de notre ère. Il est conservé au Musée Archéologique de Séville.

42. Cordoue, capitale. Lucernaire trouvé dans la nécropole du Camino Viejo d'Almodóvar. Il ne reste que la figure d'Anubis.

43. Mérida. Deux lampes identiques trouvées dans les Columbarios (campagnes de 1926-27), avec d'autres également isiaques mais qui n'ont pas été décrites. Celles que nous citons se trouvent au Musée Archéologique de Mérida, et sont du même style que celle de Montemayor [1]).

44. Il existe une description d'une lampe semblable à celles qui ont été décrites, et qui porte l'inscription *C. VIC. ACA.* Elle faisait partie de la collection Caballero Infante, de Séville [2]).

45. Santiponce (l'ancienne *Italica*). Au Musée de Séville se trouve un lucernaire du genre décrit, trouvé en 1944.

46. Au Musée Archéologique de Madrid, dans la vitrine no 20, se trouve exposé un lucernaire que l'on dit trouvé à Peal de Becerro ou à Toya (l'ancienne *Tutugi*), deux localités très rapprochées, dans la province de Jaén.

47. Trouvé à Martos, l'ancienne *Colonia Augusta Gemella Tucci*, dans un tombeau, au lieu appelé El Sapillo, au pied de la Peña de Martos. On a trouvé avec lui une urne cinéraire en pierre, en forme de boîte, et des pots à onguent en verre, le tout probablement du temps des Flaviens [3]).

48. Plusieurs fragments de lucernaires, avec la réprésentation de la triade, trouvés à Castellar de Santisteban, Prov. de Jaén.

Groupe c

49. Padrâo, près d'Elvas. Sépulture no 15 avec trousseau que

---

1) Mélida et Macías dans *Memoria no* 98 (1927) *de la JSExc.*, 18; Gil Farres dans *Ampurias* 9, 1947, 104 no 10, pl. II, 10.

2) P.-M. Plano, *Ampliación de la Historia de Mérida*, Mérida, 1894, 185, no 147.

3) A. Recio dans *Oretania* 4, 1960, 178 ss.

l'on peut dater de la période de transition entre le Ier et le IIe siècle [1]).

50. Badajoz, Musée. Sans origine connue. Type du Ier siècle de notre ère [2]).

51. Santa Amalia, à 8 km. au N.-O. de Medellín (l'ancienne *Metellinum*). Musée Ethnologique de Belem [3]).

52. Mérida. Sans éléments documentaires. Musée de la localité. Fin du Ier siècle [4]).

53. Cacabelos, Prov. León [5]).

G) EN TERRA SIGILLATA

En *terra sigillata* l'on connaît quelques cas où apparaissent des représentations d'Isis ou des figures en rapport avec son culte. Voici celles que nous connaissons:

54. Cordoue, morceau d'une applique plastique sur un récipient en *terra sigillata*. Tête d'Isis. Trouvée dans nos fouilles du temple romain de Cordoue en 1959.

55. *Iuliobriga*, aujourd'hui Retortillo, près de Reinosa. Morceau d'une vase avec la figure d'Anubis de face. Fouilles de 1940 à 1945 [6]).

56. Gallur, province de Saragosse. Notice d'un vase en possession de Don Pío Beltrán, avec la figure d'Anubis. Vase trouvé à Gallur.

H) EN MOSAÏQUES

57. Mérida. Image d'Isis assise, sur une mosaïque figurée avec scènes nilotiques. La mosaïque (Pl. XIV) est signée par Seleucus et Anthus [7]).

1) A. Viana-A. Dias de Deus dans *AEArq.*, 23, 1950, 240 no 15 fig. 14 et 28 no 129; A. García y Bellido dans *BRAH* 139, 1956, 235.
2) A. García y Bellido, *l.c.*, 234.
3) L. de Vasconcelos, *RL*, III, 348 s, fig. 155; A. García y Bellido, *l.c.*, 233.
4) Gil Farres dans *Ampurias* 9, 1947, 105, no 16, Pl. II, 16; García y Bellido, *l.c.*, 233.
5) Gómez-Moreno, *CMLeón*, 62, Pl. 15.
6) A. Hernández Morales, *Iuliobriga*, Santander, 1946, fig. 70.
7) A. García y Bellido dans *AEArq.*, 33, 1960, 174.

I) NOMS THÉOPHORES

Nous n'en connaissons pour l'instant que quatre:

1. *Saguntum*, l'actuelle Sagunto, à quelques km. au N. de Valence. Inscription bilingue latino-ibérique dans laquelle est mentionné un certain *Fabius M(arci) L(ibertus) Isidorus* dans la partie latine. Probablement du début du Ier siècle [1]).

2. Une Isias comme *cognomen* féminin sur une plaque de Cordoue.[2])

3. Un Isidorus sur une plaque de Mérida du temps des Visigoths [3]).

4. Saint Isidore de Séville.

J) DOUTEUSES

1. Quelques figurines en terre cuite, à tête radiée, l'une d'entre elles portant un enfant. Une autre debout, sans attributs, également avec enfant. Trouvées dans la Bétique (Jaén et Málaga) [4]).

2. Vase en céramique avec figure d'Io, ou Isis, d'Ampurias [5]).

3. Lampes en forme de tête de taureau, l'une d'Ampurias, l'autre du Musée de Séville. La première est couronnée par un grand croissant de lune.

4. Bronzes du Cerro del Berrueco: disque solaire avec quatre ailes et tête du genre hathorique [6]).

5. Bronze appartenant à un particulier, à Séville. Provenance inconnue. Tête hathorique et buste avec deux grands canards ou anatidés sortant des deux côtés [7]).

1) Hübner, *Monumenta Linguae Ibericae*, Berlin, 1893, XXXI, *a*; Gómez-Moreno, *Suplemento de epigrafía ibérica*, Madrid, 1948, no 46; *CIL* II, 6342; Fita dans *BRAH* 20, 1892, 208.

2) *CIL* II, 2306.

3) Monsalud dans *BRAH* 35, 1899, 222; Mallon-Marin, *Scripturae*, II, Madrid, 1951, 79, no 162.

4) A. García y Bellido, *Imágenes de una deidad metroaca hispano-romana desconocida* dans *AEArq.*, 31, 1958, 193 ss.

5) Botet-Sisó, *Emporion*, Madrid, 1879, fig. 11.

6) A. García y Bellido dans *Investigación y Progreso* 6, 1932, 17 ss; J. Maluquer, *Excavaciones Arqueológicas en el Cerro del Berrueco*, Salamanque, 1958, 111 ss et pl. XXIII.

7) J. Maluquer dans *Zephyrus* 8, 1957, 157 ss.

CHAPITRE XII

SÉRAPIS*

Sérapis entra de bonne heure en Espagne (fig. 12) en vertu de l'étroit contact commercial de ses ports avec ceux du Centre et du Sud de l'Italie, de la Sicile, de l'Afrique et même avec la propre Alexandrie (Strabon, II, 3, 4; III, 2, 6). Mais par une circonstance spéciale, le premier témoignage auquel on puisse assigner une date doit être attribué aux soldats romains (voir ici no 7), qui l'apportèrent d'Orient en même temps que le culte de la déesse cappadocienne Mâ-Bellona (voir Chap. VI, pp. 64 ss) au début du Ier siècle av. J.-C. Son introduction à Ampurias doit être un peu postérieure (nos 1 et 2). Dans cette ville on construisit un grand sanctuaire qui, peut-être, fut l'indice du grand développement de cette croyance depuis des époques reculées à la construction du susdit sanctuaire. Les autres témoignages sont postérieurs et embrassent toute la période impériale probablement jusqu'à la fin. En certaines régions du N.-O. de la Péninsule, son culte dut se superposer à d'autres indigènes avec lesquels il s'identifia ou, tant au moins, il allait coexister (no 6). En d'autres lieux son culte apparaît étroitement uni à celui de Mithras, comme dans le Mithréum d'*Emerita Augusta* (Mérida, voir ici nos 10 et 11).

Sa vénération s'enracina très probablement intimement unie à son paredros Isis. Il eut des images de culte en pierre, ainsi qu'en font foi les excellentes figures de Mérida (nos 10 et 11) et de la région de Valladolid (no 4). Entre ses sectateurs dévoués il y a d'humbles esclaves (Ampurias no 2; Valence no 3) et de hautes personnalités de la Société (Panoias, no 6).

1. *Le temple de Sérapis à Ampurias*

Dans la colonie grecque d'Ampurias se trouve un édifice qui présente la forme d'un temple près duquel on a découvert les deux dalles sérapiques dont nous donnons la transcription au paragraphe 2. Le fait que le plan du temple de Sérapis (fig. 13) répond

* Voir ici l'addenda de la p. 166.

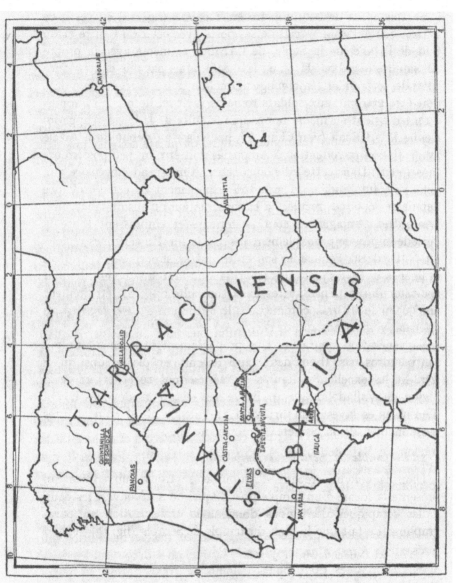

Fig. 12. Lieux connus du culte de Sérapis dans la Péninsule Ibérique.
Les noms soulignés sont actuels

dans les grandes lignes à celui d'Isis à Pompéi et coïncide même avec lui en certains détails, les escaliers latéraux par exemple, rend vraisemblable, pour ne pas dire certaine, l'attribution dudit ensemble sacré aux divinités nilotiques: Sérapis et son paredros Isis. Si, ainsi que nous le croyons, cette attribution est certaine, nous pourrons en déduire que le culte ampuritain rendu à ces divinités, non seulement s'implanta de bonne heure, mais encore

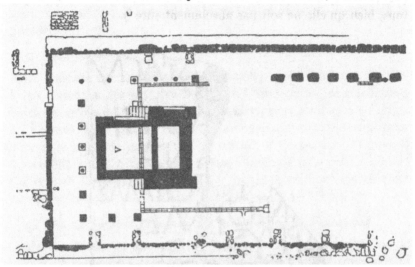

Fig. 13. Temple de Sérapis (?) à *Emporion*.

fut le plus important de la colonie, car le temple par ses dimensions dépasse tous les autres connus dans la vieille colonie grecque.

La construction de ce sanctuaire entraîna la destruction presque totale, tout au moins dans cette partie, du mur défensif de la ville, ce qui nous porte à penser que la vie de la population grecque se déroulait alors dans une parfaite atmosphère de paix, c'est-à-dire en pleine domination romaine, Ier siècle av. J.-C. ou premières décennies de l'empire. Une analogie de plan, certains détails constructifs et ses coïncidences avec l'Iséum de Pompéi, reconnu de l'époque républicaine, bien qu'ayant subi des détériorations et des réparations à l'époque néronienne, nous situent à la même époque [1]).

1) Pour l'analyse architectonique du temple voir mon étude. *El culto a Sárapis en la Península Ibérica*, dans *BRAH* 139, 1956, 313 ss; V. Tran Tam Tinh, *Le culte d'Isis à Pompéi*, Paris, 1964.

2. *Inscriptions du sanctuaire d'Ampurias*

La première est conservée aujourd'hui au Musée Archéologique de Madrid [1]). Elle est en marbre blanc et mesure 11 cm. de hauteur, 13 cm. de largeur et 0,5 cm. d'épaisseur. Elle fut trouvée dans les environs du temple qui vient d'être décrit peu avant 1883. L'inscription dit ceci: *(Sera)pi aedem | (sedili)a porticus | (Cly)meni* (sic, pour *Clymene) f(ieri) | ius(sit)*. La lecture en est acceptée par tous, bien qu'elle ne soit pas absolument sûre [2]).

Fig. 14. Inscription sérapique bilingue d'*Emporiae*.

La seconde inscription sérapique d'Ampurias est plus évidente et se trouve écrite en grec et en latin (fig. 14). Pierre calcaire de 20 cm. de hauteur sur 18,5 cm. de largeur et 5 cm. d'épaisseur [3]).

1) F. Fita, *El templo de Sarapis en Ampurias* dans *BRAH* 3, 1883, 124 ss avec fig. à la p. 126; E. Hübner dans *CIL* II, *Suppl.*, 6185; A. García y Bellido, *Sarapis*, § 2.
2) Hübner préfère lire ces deux dernières lignes de la façon suivante: ... *meni f(ilius)| ... ius.*
3) E. Gandía, *Diario de Excavaciones* (ms), 23 octobre 1908, 23; Puig y Cadafalch dans *An. Inst. Est. Catalans* 3, 1910, 709 ss, fig. 12; M. Cazurro-E. Gandía, *ibidem* 6, 1913-4, 659; A. García y Bellido, *Sárapis*, § 2.

Elle est divisée en deux fragments qui se raccordent parfaitement; cependant, elle est parvenue incomplète. Elle fut trouvée fin octobre 1908 durant les excavations régulières, aux environs du temple que nous tenons pour celui d'Isis et Sérapis, mais sans préciser l'endroit exact. Elle passa au musée d'Ampurias. L'inscription est difficile à compléter et les mots lisibles ne permettent pas une association logique, faute de morceaux essentiels. On a pu heureusement reconstituer le nom de la déité à qui manque seulement la première lettre.

3. *Dalle de Valence*

De Valence on connaît deux inscriptions dont l'une est allusive à Isis, l'autre à Sérapis; ces deux cultes, sans doute, se célébraient dans un même édifice ou temple. L'inscription sérapique se réfère à l'ex-voto dédié par un esclave, Callinicus, au dieu infernal pour assurer la santé de son maître, un certain P. Herennius. Hübner [1]) la rétablit ainsi: *Serapi | pro salute P(ublii) | (Herenni) | Se|veri Callini|cus Ser(vus)*. Ici Sérapis est invoqué comme une divinité médicale, comme un Esculape. Probablement du IIe siècle.

4. *Tête de Sérapis provenant de la Province de Valladolid*

Marbre blanc de gros grain; hauteur 0,23 m. Provient de la région de Valladolid sans que l'on sache le lieu de sa trouvaille ni les circonstances qui l'ont accompagnée [2]). En 1931 elle fut achetée par le Musée Épiscopal de Vich où elle se trouve sous le no 8.694 de l'inventaire (Pl. XV).

Elle dut appartenir à une statue de dimensions plus petites que nature. Elle représente le type sévère de Sérapis comme Pluton, très distinct de l'autre, plus humain et aimable, du Sérapis-Zeus de la tête de Mérida, au visage paisible, presque souriant. Pour cela même, cette effigie s'inscrit dans la collection de celles qui figurent au Vatican et au British Museum [3]).

Cette tête est couronnée par un gros cercle fait de feuilles de

---

1) *CIL* II, 3731.
2) A. García y Bellido dans *AEArq.*, 21, 1948, 399, f. 1; García y Bellido, *Esc. Rom.*, no 117; García y Bellido, *Sarapis*, § 4.
3) G. Lafaye, *Histoire du culte des divinités d'Alexandrie hors de l'Egypte*, Paris 1884, 271, nos 19 et 20.

9

rouvre et de chêne commun taillé sans recherche aucune, lequel est surmonté du haut *kalathos*, sur le devant duquel se voit la grande palmette à cinq feuilles, stylisation de la traditionnelle branche d'olivier caractéristique de cet attribut de Sérapis. Il est probable que cette couronne fait allusion à l'épithète d'invincible sous laquelle il est maintes fois désigné [1]).

La pièce peut être datée à peu près sûrement des environs du commencement du IIIe siècle, disons du premier tiers.

5. *Inscription de Quintanilla de Somoza*

Dalle rectangulaire de calcaire blanc, mais de structure similaire à l'ardoise, de 0,42 m. de hauteur sur 0,29 m. de largeur et 0,10 m. d'épaisseur moyenne (fig. 15).

Trouvée dans des circonstances et à une date que nous ignorons, probablement à Quintanilla de Somoza, aux environs d'Astorga, l'ancienne *Asturica Augusta*, qui fut la capitale des Astures. Elle entra au Musée de Léon en 1887 où elle se trouve actuellement.

Le monument représente un petit temple surmonté d'un fronton pointu qui porte, incisées, ces lettres: EIC ZEYC / CEPAΠIC. De chaque côté de ce fronton, deux grands disques lisses en relief. Le centre de ce petit temple présente un grand rectangle profondément creusé et flanqué de deux petits pilastres montrant la forme des enroulements d'une grosse corde.

Dans le rectangle apparaît en relief plat une main droite ouverte montrant la paume avec les doigts très séparés, sous la racine desquels on voit clairement ces lettres de grandeur approximativement égale aux précédentes: IAΩ.

La lecture de l'inscription malgré les controverses auxquelles elle donna lieu, ne peut être mise en doute [2]) et se lit ainsi: εἷς Ζεὺς Σέραπις 'Ιαῶ, ce qui concorde avec beaucoup d'autres inscriptions [3]).

---

1) P. e. Apul., *Met.*, XI, 27; dalle des Thermes Anton. etc.

2) Des critiques aussi minutieux que Kaibel (*Inscr. Graec. Sicil. Ital.*, *373) la considèrent comme fausse estimant impossible la coexistence à une époque aussi reculée de Sérapis avec *Iao*, mais Hübner corrigea l'erreur de Kaibel dans *CIL* II, Suppl., p. 1040 add. p. 911.

3) Lafaye, *Div. d'Alex.*, nos 138, 139, 143, 213. Plus complète est la liste d'O. Weinreich, *Neue Urkunden zur Sarapis-Religion*, Tübingen, 1919, 24 s; E. Peterson, ΕΙΣ ΘΕΟΣ, Göttingen, 1926, étude dans laquelle il consacre un chapitre à cette formule concrète: Εἷς Ζεὺς Σέραπις. Il traite (p. 229) aussi de notre dalle.

Il s'agit donc d'une dédicace habituelle à Zeus Sérapis, bien qu'ici, avec l'addition 'Ιαῶ, forme indéclinable se référant à Dionysos, avec lequel Sérapis a d'évidentes concomitances. 'Ιαῶ, surnom

Fig. 15. Dalle sérapique de Quintanilla de Somoza.

de Bacchus, est le Iahvé des Juifs et s'applique fréquemment à des divinités égyptiennes et grecques [1]).

Il n'a donc rien à voir avec le gnosticisme et encore moins avec

1) Fr. Cumont, RO⁴, 60. Lehmann-Haupt et U. Wilcken traitèrent de ce thème et tout spécialement de notre inscription aux endroits cités à la fin de ce paragraphe. Le lecteur y trouvera de nombreuses références d'auteurs qui, intéressés par l'inscription de Somoza, l'étudièrent également.

ceux qui pourraient être considérés comme priscillianistes de la
région asturienne, ainsi qu'il a été dit. La main ouverte doit s'interpréter comme l'un de ces signes ou gestes prophylactiques fréquents
dans d'autres religions; celle de Sabazios par exemple et, sans doute
aussi, dans les amulettes, abraxas, talismans portant des caractères et des significations magiques évidents. Dans un sarcophage
de Trèves on lit [1]): *Martiniani manus vi(nc)at.*

Il paraît téméraire de se prononcer quant à sa date. Il n'y a pas
d'arguments décisifs qui plaident en faveur de telle ou telle période.
La formule de l'inscription est déjà employée à une époque qui
remonte avant le Ier siècle de notre ère, selon Peterson. Cependant,
le monument de Somozá me paraît être d'une époque postérieure,
peut-être bien du IIIe siècle, ainsi que d'autres personnes l'ont
supposé. Peterson le situa entre le IIe et le IVe, proposant ainsi
une marge plus grande, par cela même plus prudente, tout en étant
plus vague. Les arguments d'U. Wilcken, qui la croit postérieure
au IIIe siècle [2]) n'arrivent pas à convaincre entièrement, tout au
moins quant à l'exposé. Pourtant, certains points doivent retenir
notre attention: les caractères épigraphiques et la graphie *Serapis*
(avec *e*) sont postérieurs au IIIe siècle [3]).

6. *Sanctuaire de Panoias*

Depuis longtemps déjà on connaît les restes d'un grand sanctuaire

1) E. Peterson, *o.c.*, 230.
2) U. Wilcken, *Urkunden der Ptolemäerzeit*, I, 1927, 80.
3) Un article de P. Fita dans *La Academia*, Madrid, 1877, 366 (avec une
esquisse) nous la fit connaître. Il parut ensuite dans les *EE* IV, 1879, 17;
puis, dans deux chroniques anonymes publiées dans *BRAH* 10, 1887, 242
(avec bonne photogravure) et 14, 1889, 566. Wentworth Webster la publia
ensuite en Angleterre dans *The Academy*. Londres, 1889, no 889, p, 313. Elle
fut enfin insérée dans *CIL* II, Suppl., 5665 et, depuis lors, les écrits de Hübner
y firent souvent allusion. M. Macías, *Epigrafía romana de la ciudad de Astorga*,
Orense, 1903, 41 ss, fig. de la p. 40; *Dict. Arch. Chr.* I, 2, 1907, col. 3004
(Leclerq), qui se rangea à l'avis de Fita; Lehmann-Haupt dans Roscher,
Lex. Myth. s.v., *col.* 360. Le dernier point de vue qui fait autorité est celui de
Gómez Moreno dans *CMLeón.* 38, fig. 6 (nouvelle et meilleure photographie)
qui l'étudia directement; sa lecture est correcte, mais il la croit gnostique
priscillianiste. Ensuite et tout particulièrement U. Wilcken dans *Urkunden
der Ptolemäerzeit*, I, 1927, 80; E. Peterson, ΕΙΣ ΘΕΟΣ, Göttingen, 1926, 229 s
et A. García y Bellido, *Sarapis*, § 5, ont traité également de la question.

rupestre situé au lieu de Panoias, au pied de Villa-Real, dans le Tras-os-Montes, au Nord du Portugal. Argote, au XVIIIᵉ siècle [1]), étudia à fond ce sanctuaire et copia une grande partie de ses inscriptions. Le travail d'Argote, illustré par une série de gravures de lieux et de leurs inscriptions rupestres, représente, pour son temps, un effort louable.

Parmi les différentes inscriptions qui sont connues, une seule fut dédiée spécialement à la déité qui nous occupe: Sérapis. Cette dalle nous a été conservée, bien que dans un état ruineux. Néanmoins on peut y lire ceci: Ὑψίστῳ Σερά/πιδι σὺν μοί/ρᾳ καὶ μυστη-/ ρίοις G(naeus) C(aius) C(a)lp(urnius) | Rufinus v(oti) c(ompos) [2]). La traduction serait donc celle-ci: ,,Au très Haut Sérapis, conjointement avec la Moira et les mystères [auxquels celui qui dédie l'inscription est initié]. Gnaeus Caius Calpurnius Rufinus qui a obtenu la faveur qu'il demandait [consacre ce monument]". Il s'agit donc d'une formule qui recueille le sens syncrétique de ces religions orientales dans lesquelles des concepts comme celui de Μοῖρα, Τύχη et autres similaires s'attribuent en général à des divinités investies d'un caractère suprême et omnipotent (Ὕψιστος, Μέγας, Μέγιστος, Deus Maximus, Deus Magnus, etc.) [3]).

L'inscription que nous venons de présenter, écrite sur une grande roche naturelle légèrement modifiée par l'homme, est accompagnée de deux autres avec lesquelles elle devait être étroitement liée, puisque, non seulement elles figurent dans le même monument, mais encore furent-elles consacrées par la même personne, ce Gnaeus Caius Calpurnius Rufinus qui accomplit le vœu fait à Sérapis. Bien que ces deux dernières roches ne mentionnent pas explicitement la déesse nilotique, il dut exister un rapport évident entre les trois, puisque, outre les circonstances exposées

---

1) Contador Argote, *Memorias para a Historia ecclesiástica de Arçobispado de Braga*, I, Lisboa, 1732, 349.

2) Voici comment Hübner interpréta les deux derniers sigles: v(ir) c(larissimus).

3) *CIL* II, 2395 (avec la bibliographie nommée précédemment); Leite de Vasconcelos dans *ArqPort.*, 1, 1895, 271 s et 3, 1897, 59 ss; Hübner dans *EE* 9, 1903, 98; Cagnat dans *AE* 1897, 86; Leite de Vasconcelos, *RL* 3, 345 ss et 465; idem dans *ArqPort.*, 22, 1917, 158; F. Russel Cortes, *Panoias cividades dos Lapiteas*, Porto, 1947, 57 ss; Lambrino, *Div. Lusit.*, 17 s; A. García y Bellido, *Sarapis*, § 6.

ci-dessus, on doit souligner cette autre que les trois inscriptions sont alignées, celle de Sérapis, flanquée des deux autres, occupant le centre.

La partie de la roche granitique est grossièrement aplanie, montrant trois cavités, deux d'entre elles, celles des extrémités, rectangulaires et la troisième, celle du centre, circulaire, comme un puits. À côté, une plus petite que celle mentionnée ci-dessus. Au même endroit, d'autres roches avec inscriptions et cavités (fig. 16) semblables aux précédentes, mais bien qu'il soit fait

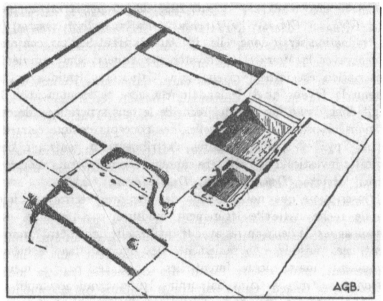

Fig. 16. Fosses rituels du sanctuaire sérapique de Panóias

allusion à diverses divinités locales, le nom de Sérapis n'apparaît pas explicitement.

Tout porte à croire que les fervents du culte rendu aux divinités de Panóias conçurent les dites roches comme autant d'autels naturels propres aux sacrifices et sur lesquelles on grava les inscriptions témoins de l'accomplissement de pieuses promesses. Il s'agissait donc d'autels.

Les fosses ouvertes dans les roches de Panóias sont citées dans les inscriptions qu'elles portent comme *aeternus lacus, lacus et laciculi*.

Quant aux cérémonies et formules rituelles du culte rendu aux divinités de Panóias, seuls quelques termes sont lisibles dans les dites inscriptions, mais encore sont-ils difficiles à interpréter. On y parle de *hostiae* ou victimes immolées (*hostiae quae cadunt hic immolantur*). Les viscères et le sang se jetaient dans des fosses différentes; dans d'autres cas pourtant on y effectuait certains mélanges, ainsi qu'il apparaît d'une inscription qui dit *Diis cum hoc et lacum huc voto miscetur*. Avec le sang on aspergeait les fosses, du moins si nous devons interpréter ainsi la phrase *sanguis laciculis superfunditur* d'une des inscriptions. Finalement on brûlait les entrailles et les victimes (*exta . . . cremantur*; *hostiae . . . cremantur*).

Il est extrêmement curieux de noter que dans ces inscriptions évidemment votives, on insiste de façon toute particulière, quant au rite à observer, sur les sacrifices. Il semble donc, soit que ces formules n'étant pas bien connues alors (pour être nouvelles) dussent s'imposer de façon indélébile, soit que celui qui faisait l'offrandre, en l'occurrence Gnaeus Gaius Calpurnius Rufinus, peut-être un prêtre de Sérapis, eût intérêt, tout en accomplissant son vœu, à établir les normes de certains rituels d'importance. D'autre part, bien que nous ayons déjà fait brièvement mention du parallélisme qui pourrait exister entre les formules *miscetur*, *cremantur*, *immolatur*, *superfunditur*, nous insistons de nouveau sur ce parallélisme qui prouverait la validité de cette interprétation. Nous devons, en plus, souligner le caractère préceptoral de ces mêmes formules, qui précisent non seulement l'endroit où doivent tomber les victimes immolées, mais encore le lieu de la crémation des entrailles et celui où l'on doit jeter le sang.

7. *Sérapis de l'Autel de Castra Caecilia*

Dans les ruines du campement romain du consul Metellus, près de Cáceres, l'ancienne *Norba Caesarina*, on trouva à l'intérieur d'un sanctuaire érigé parmi les tentes et appartenant, à ce qu'il paraît, à des marchands qui suivaient l'armée, un pilier creux de terre cuite couronné par une espèce de chapiteau corinthien, orné de demi-figures placées aux angles du fût de section quadrangulaire [1]).

1) A. Schulten- R. Paulsen, *Castra Caecilia. Die Fundgegenstände aus dem Lager Cáceres* dans *AA* 1928, 8, 22 s et fig. 1-3; A. Schulten, *Castra Caecilia*

Parmi les petites têtes en relief, quatre, sans aucun doute, sont des images de Sérapis avec sa barbe bien fournie, sa longue chevelure et le *modius* sur la tête (fig. 17).

La date du campement de Metellus, bien connue par les textes, peut se situer entre 80 et 79 av. J.-C. ce qui concorde avec les

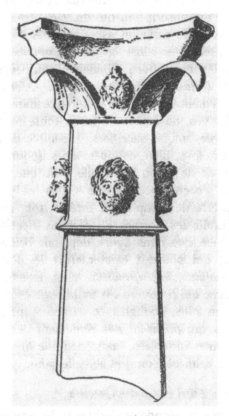

Fig. 17. Autel de *Castra Caecilia*. Cáceres Muzeo Arqueológico

objets auxquels nous pouvons assigner une date. Ainsi donc, cette pièce avec son Sérapis doit être de cette époque et, par cela même, elle se place chronologiquement à la tête de tous les témoignages certains de ce culte nilotique dans la Péninsule Ibérique et même

dans *Atlantis* 1936-1940 (Madrid, 1940), 191, fig. 5-6b; García y Bellido, *Sarapis*, § 6.

parmi les premiers de tout l'Occident exception faite naturellement de ceux de l'Italie. La pièce est conservée au Musée Archéologique de Cáceres.

8. Inscription de Beja

Hauteur 1,53 m.; largeur 0,65 m.; épaisseur 0,44 m. [1]).

Trouvée le 6 février 1794 ,,fora da porta de Aviz'' (L. de Vasconcelos), à Beja, capitale de l'Alemtejo inférieur et ancienne colonie romaine *Pax Iulia* (Musée Régional de Beja, Inv. no 9). Elle dit ceci: *Serapi. Pantheo | Sacrum | in honorem C. Ma|ri Prisciani | Stelena Prisca | Mater Filii | Indulgentissimi | D. D.* Les lettres paraissent être de la première moitié du IIe siècle.

9. Fragment d'Inscription de Mérida

Dans le Cerro de San Albin, au lieu même où tant de sculptures et de monuments épigraphiques de caractère mithriaque surgirent en 1902 et 1913-14, apparurent également la tête de Sérapis que nous présentons au paragraphe suivant et un fragment d'inscription[2]) en marbre qui dit simplement: ... *arapi* qui doit probablement être lu ainsi: *(S)arapi* ou *(S)arapidi*.

10. Tête de Sérapis du Mithréum de Mérida

Marbre blanc. Hauteur 0,30 m. (Pl. XVI). Trouvée à Mérida dans le Cerro de San Albin, aux environs de la ville actuelle et dans l'aire qu'occupa l'ancienne *Emerita Augusta*, non loin de la rive gauche du Guadiana [3]). En ce lieu même, on trouva, par hasard, en 1902, en procédant à la construction de l'actuelle Plaza de Toros, qui occupe l'emplacement mentionné ci-dessus, les restes de sculptures d'un grand sanctuaire dédié à Mithra, mais qui abritait aussi d'autres divinités du panthéon romain et oriental, entre autres Sérapis. Toutes ces sculptures, y compris celle qui

---

1) *CIL* II, 49 = Dessau, 4401; L. de Vasconcelos dans *ArqPort.*, 1, 1895, 344; idem, *RL*, III, 1913, 344 et fig. 153 (selon un dessin inexact); A. Viana, *Museo Regional de Beja, Secção Lapidar*, Beja, 1946, no 27 et photogravure p. 17 (insuffisante); A. García y Bellido, *Sarapis*, § 8.

2) A. García y Bellido, *Sarapis*, § 9; *CIMRM* I, no 792.

3) A. García y Bellido dans *BRAH* 1948, 344, no 15, f. 20; idem, *Esc. Rom.*, no 116, fig. 90; *CIMRM* I, no 78 et fig. 215; A. García y Bellido, *Sarapis*, § 10.

nous occupe, allèrent au Musée Archéologique de Mérida. La tête que nous étudions porte le no 284 dans l'inventaire du musée. Elle paraît être du milieu du IIᵉ siècle av. J.-C. Les inscriptions apparues dans le lieu même où elle fut trouvée coïncident quant à la date, l'une d'elles étant sûrement de l'an 155 de l'ère chrétienne (cf. p. 26 ss).

11. Sérapis assis du Mithréum de Mérida

Sculpture trouvée à Mérida comme la précédante et les autres figures mithriaques [1]. Hauteur 0,25 m. Se conserve au Musée de Mérida. Il lui manque la tête, ainsi que certains attributs déterminants, mais il doit s'agir d'une représentation de Sérapis assis, qui devait s'exposer aux regards, en compagnie d'une autre figure également assise, représentation de Proserpine, trouvée au même endroit.

12. Sérapis de Peña de la Sal

Dans l'ancienne Arva, on trouva à la fin du siècle dernier un petit buste de Sérapis [2]. Nous ignorons où il se trouve à l'heure actuelle.

13. Pieds votifs de caractère sérapique (?)

A) Marbre blanc. Hauteur 0,50 m; largeur 0,85 m. Pièce trouvée à Málaga sous l'endroit qu'occupa la colonne milliaire de Caracalla [3]. Il s'agit d'un pied colossal qui n'appartient à aucune statue. Ce dut être le témoignage ex-voto d'un certain voyageur, une manifestation de gratitude *pro itu et reditu* faite à une déité que nous ignorons, le pied ne portant pas d'inscription ni d'autre signe quelquonque spécifique. De tels pieds cependant étaient fréquemment dédiés à Sérapis. Il y a une dizaine d'années Dow et Upson ont écrit une étude particulièrement intéressante sur ce genre de

---

1) A. García y Bellido dans *BRAH* 122, 1948, 343, no 12 fig. 18; *CIMRM* I, no 787.

2) A. Engel dans *RA* 1890 v. 16, 341; G. Bonsor, *Archeological expedition along the Guadalquivir*, New York, 1931, 30 n. 73; A. García y Bellido, *Sarapis*, § 12.

3) Rodriguez de Berlanga, *Catálogo del Museo Loringiano*, Málaga, 1903, 91, no 5, fig. 20 p. 164, no 5; A. García y Bellido, *Esc. Rom.*, no 415; Idem, *Sarapis*, § 13.

pieds [1]). Tous étaient de grande taille, mais portaient en relief des signes allusifs au culte de la divinité alexandrine, signes qui manquent sur le pied en question. Il portait probablement un buste de Sérapis comme dans le cas du pied nu de Florence [2]). Cependant nous faisons remarquer que tous les pieds de ce genre représentent un pied droit et qu'il n'en est pas ainsi dans le cas qui nous occupe. Nous ne savons pas jusqu'à quel point cette divergence peut oui ou non être pertinente.

B) Partie antérieure d'un grand pied votif qui ne faisait pas partie d'une statue [3]). Dimensions (abstraction faite du piédestal sur lequel il repose): longueur 0,25 m.; largeur 0,15 m. Quant à son attribution à Sérapis, voir ce qui a été dit à propos du pied similaire de Málaga. Remarquer qu'ici il s'agit du pied droit. Musée de Beja.

C) Plantes de pieds à Panóias.

Si nous en jugeons par le dessin qui illustre le livre d'Argote, deux sont des pieds côté droit et, un, côté gauche. On remarque que ces plantes de pieds, elles aussi, ont servi d'ex-voto à Dea Caelestis, à Némésis et à d'autres divinités.

14. *Lampes avec représentation de Sérapis*

On en connaît plusieurs avec effigies de Sérapis [4]), seul, ou accompagné d'Isis. Elles procèdent, soit de Mérida (trois), Medellin, Badajoz, Elvas ou Séville (cf. ici p. 122 groupe *c*).

15. *Noms théophores*

J'en connais seulement deux: celui d'une femme, L. Serapia qui, à Italica, dédia une inscription à son mari [5]); l'autre à Tarragone [6]). La première dalle est déjà de l'époque impériale: la seconde est chrétienne.

1) Voir S. Dow-Fr. S. Upson, *The Foot of Sarapis* dans *Hesperia*, 13, 1944, 58 ss.
2) Voir Zannoni, *Reale Galleria de Firenze*, I (S. IV), grav. 38. Reproduit aussi dans l'article de Dow et Upson cité plus haut, dans la fig. 10.
3) A. Viana dans *AEArq.*, 19, 1946, 100, fig. 15a.
4) A. García y Bellido, *Sarapis*, § 14.
5) *CIL* II, 1154.
6) J. Vives, *Inscripciones cristianas de la España romana y visigoda*, Barcelone, 1942, 69, no 223.

CHAPITRE XIII

DEA CAELESTIS

Le culte rendu dans la Péninsule Ibérique à cette importante déité féminine africaine, dernière version de la déesse punique Tanit, dut être infiniment plus répandu que ne le laisse supposer les rares témoignages épigraphiques recueillis jusqu'à présent. La quantité d'éléments africains qui, attirés par la proximité de la Péninsule vinrent bientôt s'y fixer, rend le fait d'autant plus insolite [1]). Ce culte dut s'étendre principalement dans les régions qui étaient le plus directement en relation avec l'Afrique: Midi et Levant. Toutefois, durant la domination romaine, la présence dans le Sud (fig. 18) de peuplades d'origine punique, attachées depuis longtemps au culte de Tanit, vint renforcer dans cette même contrée la dévotion à Caelestis. La même remarque s'applique à Saturne et à Hercule dont les noms, bien souvent, ne servent qu'à dissimuler les divinités carthaginoises Baal-Ammon et Melkart.

L'assimilation de Caelestis (Tanit) à la déesse latine Junon cache fréquemment, surtout dans la contrée citée, la déité carthaginoise. Cette assimilation fait que l'on comprend mieux la rareté des témoignages touchant la déesse africaine en Espagne. Pour cela même, l'investigateur est en droit de soupçonner (principalement si lesdits témoignages proviennent de la Bétique ou du Levant espagnol) que derrière une Junon se cache une Caelestis.

Si nous nous en tenons strictement à la mention spécifique de Caelestis, nous ne trouverons dans la Péninsule guère plus d'une demi-douzaine de témoignages épigraphiques. Il y a lieu d'y ajouter la stèle hispano-romaine de Tajo Montero portant la représentation présumée de Tanit et une quantité de grandes représentations figurées romaines originaires principalement d'Ibiza, d'où procède aussi une double inscription en caractères puniques qui cite explicitement Tanit. Il serait également opportun d'ajouter

---

1) Cf. A. García y Bellido, *El elemento forastero en la Hispania romana* dans *BRAH* 144, 1959, spécialement 144 ss.

quelques toponymes de la région du Détroit de Gibraltar, où il n'est pas rare de trouver le nom de Junon.

En Espagne, il ne semble pas que le culte rendu à Caelestis s'étendît aux basses classes (esclaves, plébéiens, affranchis). Les témoignages certains que nous avons recueillis dans les lieux précités, de même que ceux d'attribution douteuse, se réfèrent toujours — au moins jusqu'à maintenant — à des personnes aisées,

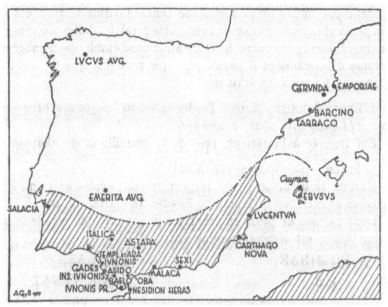

Fig. 18. Lieux connus du culte de Caelestis-Tanit dans la Péninsule Ibérique

jouissant des *tria nomina*, quelquefois même faisant partie d'une tribu romaine, bien qu'il ne s'agisse que de la *Quirina*. Une des inscriptions avec pieds votifs, d'Italica nous présente un prêtre officiel de ce lieu, attaché au culte de Caelestis.

En ce qui concerne les hiérarchies, nous ne connaissons qu'un seul prêtre de Caelestis à Tarragona; un citoyen romain en assumait la charge. Si la dalle de Grenade était d'attribution certaine, nous aurions un autre *sacerdos Iunoni* (*Caelesti*?) dont le fils fut à son tour *sacerdos Herculis* (Melkart?) [1]).

1) J'ai développé ce thème dans *El culto a Dea Caelestis en la Península Ibérica* dans *BRAH* 140, 1957, 451 ss.

Nous ne traiterons ici que de Caelestis:

1. TARRACO (Tarragona) [1]). *D(is) M(anibus) | G(aio) Avidio Primulo | Sacerdoti Caelestis | incomparabili* (sic) *| religionis eius | G(aius) Avidius Vitalis | patri (bene)m(erenti).*

Nous devons faire remarquer que ce prêtre de Caelestis porte les *tria nomina.* L'élément africain dut être nombreux à Tarragone. Les dalles trouvées en ce lieu et se référant à ce peuple ne représentent pas moins de la moitié de celles d'Africains trouvées en Hispania et le tiers environ de l'ensemble total des dalles d'étrangers connus à Tarragone même [2]). Il s'y était donc établi une nombreuse colonie d'Africains et il paraît plus que probable que G. Avidius Primulus, lui aussi, en était un.

2. LUCUS AUGUSTA (Lugo). Perdue: *Caelesti | Aug(ustae) | Paterni | qui et | Constantii | v(ota) s(olverunt).*

Fut trouvée à l'intérieur, près de la muraille et du château [3]).

3. ITALICA (Santiponce) (Pl. XVII).

Marbre. Hauteur 29,5 cm.; largeur 35 cm.; épaisseur 3 cm. Fut trouvée avant 1906 [4]). Musée de Séville, Inv. Gral. no 886.

Deux plantes de pieds en relief, les doigts orientés vers le haut. L'inscription est disposée comme suit:

DO.MINAE	RE.GI.AE.
P.B.	FOR TVNAT
une paire	VS
de	
pieds	
SAC. C. A. AVG	ITAL.

---

1) Perdue. *CIL* II, 4310; García y Bellido, *Caelestis,* 157 ss.
2) A. García y Bellido dans *BRAH* 144, 1959, 146.
3) *CIL* II, 2570; Leite de Vasconcelos, *RL,* III, 1913, 357; F. Vázquez Saco-M. Vázquez Seijas, *Inscripciones romanas de Galicia,* II, Santiago de Compostela, 1945, no 68 (entre celles déjà disparues); A. García y Bellido, *Caelestis,* 158.
4) F. Fita dans *BRAH* 53, 1908, 45 ss = *AEp.,* 1908, 150; C. Fernández Chicarro dans *MMAP* 7, 1946, 127; *idem* dans *RABM* 56, 1950, 622 ss, no 4 et Pl. II, fig. 2 = *HAEpigr.,* 1-3, 1950-2, no 348; A. García y Bellido, *Caelestis,* 158 ss. Les lettres indiquent une date du IIe siècle.

Elle pourrait s'interpréter ainsi: *Dominae Regi(n)ae P(ublius) B(adius) Fortunatus Sac(erdos) C(oloniae) A(eliae) Aug(ustae) Ital-(icensium)*. On en déduit immédiatement que cette dalle remonte à une époque postérieure à Trajan, puisque Italica ne reçut le titre de *colonia* que sous la domination d'Hadrien, selon le fameux passage d'Aulus Gellius, *NA.*, XVI, 13, 4. Ladite dalle offre la particularité de mentionner la ville comme colonie [1]).

4. ITALICA (Santiponce). Marbre. Hauteur 33 cm.; largeur 55,5 cm.; épaisseur 3,2 cm. Sept fragments sont en mauvais état de conservation. Fut trouvée à une date qui ne peut être précisée, mais qui remonte cependant avant 1940. Elle faisait partie du dallage de l'habitation qui est à droite de et contigüe à la galerie qui donne accès à l'amphithéâtre. Entra au Musée Archéologique de Séville en janvier 1945. Inv. Gral. no 893 [2]).

La dalle dut être encastrée dans un mur ou un pilier. Elle montre deux paires de pieds placées en directions opposées, allusion à un voyage d'aller et retour effectué sans encombre. Fait remarquable: la partie gauche nous présente la face supérieure du pied munie de ses lanières; celle de droite ne nous en donne pas à proprement parler une représentation, mais bien plutôt le schéma. L'inscription est disposée ainsi:

CAELEST   PIA AVG
    deux paires de plantes de pieds
C . S ... LIVS AFRICANVS CVM LIBERIS
    D A L V S

Caelest(i) Pia(e) Aug(ustae) / *C(aius) S[ervi]lius(?)* / *Africanus cum liberis* / *a(nimo) l(ibens) v(otum) s(olvit)*. Le surnom d'Africanus, si bien approprié à l'origine du culte rendu à Caelestis est intéressant à noter.

5. ITALICA (Santiponce) (fig. 19). Marbre: mesure 27,5 cm. de

1) A. García y Bellido, *Colonia Aelia Augusta Italica*, Madrid 1960, 32 ss. Idem, *La Italica de Hadriano*, dans *Les Empereurs Romains d'Espagne*, Coloques internationaux du CNRS, Madrid-Italica, Paris 1956, 7 ss.

2) A. Schulten dans *Klio* 33, 1940, 73 ss; C. Fernández Chicarro dans *RABM* 56, 1950, 629, no 12, Pl. VI = *HAEpigr.*, 1-3, 1950-2, no 356; A. García y Bellido, *Caelestis*, 159 ss.

hauteur, 24,2 cm. de largeur et 3 cm. d'épaisseur. Fut trouvée avant 1906. Entra au musée le 25 mai 1925. Inv. Gral. no 885.

Il se peut que la dalle ait été encastrée dans un dallage, de même que celles trouvées dans le lieu même. Elle présente une paire de pieds qui, probablement par une gaucherie du lapicide, sont

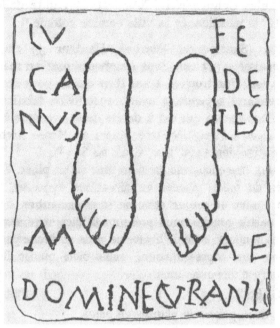

Fig. 19. Dalle d'Italica en marbre.

pourvus chacun de six doigts orientés en bas. L'inscription dit ceci, selon cette distribution :

LV		FE
CA	une paire	DE
NVS	de	LES
	pieds	
M		AE

DOMINE CV RANI (CV unies)

Lucanus Fedeles M . . . ae Domin(a)e / C(aelesti) Urani(ae). Fedeles doit être mis pour *Fidelis*. Le mot final de la dernière ligne ne doit pas se lire *Ourania*, à la grecque, mais *C. Urania* [1]).

6. EMERITA AUGUSTA (Mérida). — Sur cette dédicace, voir le no 10 du chapitre consacré à Némésis (p. 90).

7. Il y a différents monuments épigraphiques et numismatiques qui doivent être considérés comme en étroite relation avec Iuno Caelestis. Ce sont les suivants:

a) *Ebusus* (Ibiza) [2]). *[Iu]noni vet* (?) | *Reginae* | *L(ucius) Oculatius* | *Quir(ina) Rectus* | *et [G]eminia G(aii) f(ilia)* | *Restituta [uxo]r* | *et L(ucius) Oculatius* | *Quir(ina) Rectus [f(ilius)]* | *[cum] suis d(e) s(ua) p(ecunia) f(ecerunt)*.

Mommsen proposa *[Iu]noni mat(ri)*. Je me crois autorisé à suggérer plutôt *[Iu]noni Cael(esti)* en admettant en tout cas que *vet* est une lecture erronée.

b) *Tarraco* (Tarragona) [3]). *Iunoni Aug(ustae)* | *sacrum in h(onorem)* *me(moriam)* | *Caeciliae Ianuariae. Luc(ius)* | *Caecil(ius) Epityncha/nus uxori op/timae s(ua) p(ecunia) f(ecit)*.

c) Grenade, Musée Archéologique, Inv. 640 [4]). Dans cette dalle on cite un certain *Gaius Annius Marci filius, Galeria*, [cognomen, *sacerdos* ?] *Iunonis*, et un de ses fils, *Marcus Annius, Gaii filius, Galeria, Rufus [sacerdos* ?] *Herculis*. L'association paraît dénoncer Junon (Caelestis = Tanit) et Hercule (= Melkart).

d) *Ilici* (Elche). Il y eut un grand temple tétrastyle consacré à Junon selon la frappe de certaines monnaies qui peuvent être datées entre 13 et 12 av. J.-C. L'inscription qui figure sur l'architrave dit *Iunoni* [5]).

---

1) F. Fita dans *BRAH* 53, 1908, 46 ss avec illustration = *AEp.*, 1908, no 151; J. Toutain, *Cultes païens dans l'Empire romain*, III, 158; R. Thouvenot, *Essai sur la province romaine de Bétique*, Paris, 1940, 279; C. Fernández Chicarro dans *MMAP* 7, 1946, 127; idem dans *RABM* 56, 1950, 21 ss, no 3, Pl. II, 1 = *HAEpigr.*, 1-3, 1950-2, no 347; A. García y Bellido, *Caelestis*, 160 ss.

2) *CIL* II, 3659.

3) *CIL* II, 4081.

4) A. D'Ors dans *Boletin de la Universidad de Granada*, 1944, 5 du tirage à part.

5) Voir Vives, *La moneda hispanica*, Madrid 1926, gravure 133, 5A; A. Beltrán dans *AEArq.*, 26, 1953, 60 ss et fig. 32.

8. Tajo Montero. De cette localité située au sud d'Estepa, l'ancienne *Astapa*, dans la province de Séville, procèdent diverses stèles qui ont été trouvées dans une grande cavité (carrière peut-être ?) au commencement de l'année 1900. Il s'agit de six pièces sans aucune inscription. Deux d'entre elles se conservent au Musée du Louvre; les quatre autres au Musée Archéologique de Madrid depuis 1941.

Astapa, de même que certaines autres villes du sud de l'Espagne, devait compter parmi sa population une bonne quantité d'éléments puniques. On ne peut expliquer d'autre façon la résistance féroce opposée aux Romains durant l'année 206 av. J.-C. Il était alors d'usage de se rendre à l'armée libératrice, en l'occurence les Romains, par rapport aux Puniques. Ceci expliquerait aussi l'évidente relation entre les stèles de Tajo-Montero et les déités africaines qu'elles paraissent reproduire.

La partie inférieure manque à cette stèle (Pl. XVIII). Ce qui reste mesure 54 cm. de hauteur et autant de largeur. L'épaisseur est de 13 cm. Un relief accusé représente un édicule flanqué de deux colonnes surmontées de chapiteaux corinthiens et couronné d'un fronton triangulaire avec acrotères formant feuilles de palmier et une colombe dans le triangle du fronton. On sait que des *naiskoi* comme ceux-ci sont fréquents dans les stèles funéraires des nécropoles africaines consacrées à Tanit. Dans l'intérieur de l'édicule il y a une figure féminine nue, debout, qui se présente de face. De grandes mèches de cheveux frisés lui tombent librement sur les épaules. Les mains, étant absentes, ne nous permettent pas de savoir ce qu'elle pouvait porter. À la droite de cette figure féminine, se voit un palmier auquel pend un carquois et, à la gauche de ladite figure, un arc détendu qui, primitivement, devait être suspendu ou attaché à quelque chose qui, à l'origine, devait être peint et qui, pour cette raison, ne peut plus se voir aujourd'hui.

Cette représentation féminine nue est une déité qui, par les attributs que nous avons signalés, se trouve en étroite relation avec l'Artémis grecque ou la Diane romaine. Or, c'est un cas insolite pour ce que nous savons de l'iconographie de cette divinité classique. Le cas paraît si étrange que nous en sommes réduit(!) à penser à une traduction grossière qui vise à assimiler deux concepts d'origine entièrement différente. De plus, la façon dont la figure de cette étrange Diane a été conçue et travaillée dénonce, non seulement un artiste local à qui l'idéal et l'art classiques étaient étrangers, mais encore un artiste punique, opposé, suivant la tradition, à la représentation classique (remarquer la façon particulière de traiter les yeux). Ces particularités m'incitent à croire que nous sommes en présence d'une hypostase de Tanit, c'est-à-dire de Caelestis. Nous savons en effet que Caelestis fut assimilée à Diane, étant toutes deux des divinités lunaires. Non seulement la colombe du fronton, mais aussi le palmier auquel pend le carquois, se réfèrent à Caelestis. La colombe, tout autant que le carquois, figure fréquemment dans les stèles tanites du nord de l'Afrique. D'autre part, les longues mèches de cheveux flottants apparaissent quelquefois dans les figures féminines de quelques stèles de Lachorfa, aujourd'hui au Musée d'Alaoui, dans lesquelles on a cru voir (selon moi avec raison) Tanit-Caelestis.

Cette dernière particularité, relative à la coiffure, nous fait supposer que dans d'autres stèles du même endroit (aujourd'hui au Musée Archéologique de Madrid), portant deux têtes, gravées, l'une féminine avec de longues tresses de cheveux et, l'autre, masculine, barbue, nous nous trouvons en présence de Tanit-Caelestis et de Baal-Ammon-Saturne (africain).

9. Mosaïques Gérone et de Barcelone. Parmi les statues qui ornent la *spina* des cirques représentés dans ces fameuses mosaïques, il y a de nombreuses figures féminines, l'une d'elles coiffée d'une couronne murale et montant toutes deux des lions qui, par suite des antécédents d'Italica et de Mérida (où Caelestis est si intimement liée aux jeux de l'amphithéâtre et du cirque) doivent bien plutôt représenter Cybèle (avec laquelle il est facile de la confondre) que la déité africaine. Les deux palmiers dessinés à côté de la déesse dans la mosaïque de Barcelone, viendraient à l'appui de notre hypothèse.

Tanit (Caelestis) en Espagne

Par le fait même qu'elle a subi avant la conquête romaine la forte influence des courants colonisateurs de Phénicie et de Carthage, la Péninsule montre aussi des témoignages de la forme initiale et indigène de ce même culte, lorsque Caelestis n'était que la punique Tanit.

Ainsi, dans le sud et dans la région sud-est de la Péninsule, il y a des témoignages nombreux de la présence de Tanit. Ce culte doit remonter à des époques très reculées qui ne peuvent être précisées, mais nous avons tout lieu de le supposer déjà présent au moment où commencèrent à arriver sur ses plages les premiers colons phéniciens, auxquels vinrent s'ajouter, quelques siècles plus tard, leurs frères de Carthage.

Il est possible que les lieux cités comme portant les noms de Héra = Junon, situés par les anciens géographes aux environs du Détroit de Gibraltar et de Cadix, appartiennent déjà à cette époque lointaine. Il est cependant indispensable d'admettre que cette Héra grecque et cette Junon romaine sont les mêmes Tanit-Caelestis, supposition qui se trouve renforcée par l'ensemble des circonstances historiques et culturelles connues, comme par le fait, parfaitement établi, que la Junon romaine fut comparée à la Cælestis carthaginoise. S'il subsistait encore des doutes, nous pourrions rappeler le fait que Pline, IV, 120, lorsqu'il parle de l'île de Léon, près de Cadix, dit qu'elle était appelée par les indigènes (*ab indigenis*) l'île ,,Iunonis'', ce qui signifie que ce nom d'île de Junon (= Tanit = Caelestis) était celui-là même qui était connu des Puniques de la région.

Mais nous allons donner la liste de ces lieux espagnols qui se croisèrent ou alternèrent dans la même région avec ceux d'Héraclès = Hercule = Melkart, l'autre grande divinité phénicio-carthaginoise.

a) Νησίδιον "Ηρας est, selon Strabon-Posidonios (Strabon, III, 5, 3 et III, 5, 5), une petite île qui se trouvait près du Détroit de Gibraltar. Il peut s'agir de l'une des deux îles (l'autre était appelée d'Héraclès) connues aujourd'hui sous les noms de Perejil et Paloma, ou bien celle de Tarifa, aujourd'hui rattachée à la terre ferme, mais deux mille ans auparavant, encore séparée du rivage continental.

b) *Iunonis ara templumque* (Mela, III, 4) à côté du *castellum Ebora*, près de Sanlucar de Barrameda, à l'embouchure du Guadalquivir. En cet endroit, Strabon cite un sanctuaire de Phosphoros, appelé aussi *Lux Divina*, qui pourrait être le même. Il est probable qu'il s'agit du Temple d'Héra que cite aussi Markianos d'Herakleia, *Periple* 9, 10, dans le Détroit.

c) *Iunonis Promunturium* (Mela, II, 96) entre Gadès et *Baesippo*. Il doit s'agir d'*Akrotérion Héras* de Ptolemaios (II, 4, 5) avec un temple (τὸ ἀκρωτήριον, ἀφ' οὗ ὁ πορθμὸς, ἐν ᾧ Ναὸς "Ηρας) et le même *Promunturium Iunonis* de Pline, III, 7. Ces trois lieux se réfèrent à un même endroit qui, à l'heure actuelle, se trouve être le cap de Trafalgar. C'est aussi le même *Sacrum iugum* d'Avienus (*OM*, 322).

d) *Insula Iunonis* de Pline, IV, 120. Peut être identifiée avec l'île de Léon, près de Cadix.

On peut donc ramener à quatre les toponymes de Junon (= Tanit-Caelestis) arrivés jusqu'à nous dans cette zone restreinte comprise entre le Détroit et Cadix, centre de la plus intense influence carthaginoise. Leur ancienneté — nous l'avons déjà fait remarquer — n'est pas douteuse: sûrement antérieure à la domination romaine.

Les témoignages archéologiques sont très nombreux, on peut dire qu'ils se trouvent présents là où les éléments ethniques puniques atteignirent une influence culturelle. Son aire d'extension s'étend par tout le Midi de la Péninsule, par le sud-ouest et les Baléares, particulièrement Ibiza. Il arrive même jusqu'à Ampurias.

Sur la côte ils sont fréquents, présentant la forme de thymiateria, avec le buste d'une déité féminine coiffée du *kalathos* dans lequel on peut voir différents attributs allusifs tant à Isis-Tanit qu'à Déméter-Tanit.

Mais parmi eux, nous devons cependant faire ressortir l'importance du sanctuaire consacré à Tanit, dans l'île d'Ibiza où se découvrit en 1907 une grotte d'où l'on a extrait non moins de 600 figurines de terre cuite représentant la déesse punique et plus d'un millier de fragments d'autres genres. Cette grotte est connue dans le pays sous le nom d'els Cuyram. Elle se trouve au nord-est d'Ibiza à l'endroit de S. Vicente.

Les figurines du Cuyram étaient des ex-voto apportés au sanctuaire pendant plusieurs siècles. Les types en sont uniformes et obéissent tous à un même canon, sauf quelques légères variantes qui n'affectent en rien l'essentiel. Elles sont (Pl. XIX, 1-2) de forme campaniforme et les têtes féminines sont coiffées d'un *kalathos*. Deux grandes ailes entourent le corps. Ces figurines présentent sur la poitrine différents emblèmes ou ornements symboliques: fleur de lotus, disque solaire abrité sous un croissant de lune avec les pointes en bas, le caducée d'Hermès et une rosette de quatre à six pétales. Exceptionnellement cette rosette se transforme en une étoile à multiples rayons, qui orne aussi le bord du manteau de la déesse. La coiffure de celle-ci est toujours faite de quelques mèches flottantes tombant en masse de chaque côté de la tête jusqu'au commencement du buste. Dans la coiffure, comme dans les ailes, se notent les prototypes égyptiens; cependant, dans les traits du visage, l'influence grecque est évidente [1].

Nous avons donc ainsi, non seulement confirmation l'identification de ces figurines du Cuyram avec Tanit, mais encore la possibilité de leur attribuer une date relative, qui ne doit pas être antérieure au IVe siècle. À cette date même fait allusion l'inscription dont nous allons rendre compte ci-dessous.

Le plus notable de ce sanctuaire est la trouvaille faite entre 1923 et 1924 d'une plaquette en bronze qui, en 1929 fut acquise par le Musée Archéologique d'Alicante où elle est conservée. Les deux faces de ladite plaquette portent des inscriptions, mais de date différente, ainsi que le fait supposer l'écriture. En effet, une face est écrite en caractères phéniciens primitifs; l'autre en néopunique, bien qu'avec certains signes anciens.

Après une première tentative de lecture faite en 1932 par Littmann, qui ne parvint à lire qu'une seule des faces, celle en néopunique [2].

De celui-ci nous reprenons les traductions suivantes, légèrement modifiées par nous en vue d'une meilleure compréhension:

Côté A. Inscription de trois lignes remontant, semble-t-il, au Ve ou IVe siècle av. J.-C.

---

1) Pour l'analyse détaillée de tous ces signes distinctifs et de leur affinité avec ceux du nord de l'Afrique, voir mon étude *Caelestis*, spccialement 479 ss.

2) E. Littmann, *Punische Inschriften aus Ibiza* dans *Forschungen und Fortschritte* 8, 1932, no 14, 179), l'investigateur espagnol J.-M. Sola Solé put, en 1951, lire les deux faces: J.-M. Sola Solé, *La plaquette en bronze d'Ibiza* dans *Semitica* 4, 1951-52, 25 ss; *idem* dans *Sefarad* 15, 1955, 45 et 49 ss.

„Au Seigneur, à Rešef Melqart, ce sanctuaire qui lui a été dédié par 'Š' DR, fils de Ya' ašay, fils de BRGD, fils de 'Ešmunḥilléṣ".

Il n'est pas fait mention du nom de Tanit, ainsi que le supposa Littmann qui, bien qu'il ne se soit pas hasardé à traduire le texte, crut lire le nom de la déesse punique.

Côté B. Texte de quatre lignes que l'on peut croire du IIIe ou du IIe siècle av. J.-C.

„'Abdšmun, fils de 'Azar-Ba'al le prêtre, fit et répara ce mur de pierre taillée (?) qu'il dédia à Notre-Dame, à Tanit, la puissante et à Gad. Lui-même en fut le constructeur et il en assuma les frais" [1]).

1) Littmann avait pensé que l'on pouvait peut-être lire *Gestalt* là où Solà a lu *mur*. Cette version se voit renforcée par le contenu de la quatrième ligne que Littmann ne put traduire. Le nom de Gad, dieu cité en même temps que Tanit, est le sémitique Gad, cité dans *Es.*, LXV, 11 et dans des inscriptions de Palmyre. Gad était une déité de la fortune, une espèce de Tyche sémitique que la Version des Septante traduit comme *daemon*.

CHAPITRE XIV

HERCULES GADITANUS *

Hercule était à son origine une divinité phénicienne. Son nom primitif, Melkart, est celui d'un *numen* tyrien vénéré parmi les colons phéniciens arrivés dans la Péninsule à partir du XIIᵉ-XIᵉ siècle av. J.-C. Ses sanctuaires les plus anciens en Occident étaient celui de Cadix et celui de Lixus, près de Larache, dans le Maroc atlantique. Celui de Cadix [1]) avait été érigé lors de la fondation de la colonie à la sortie du Détroit, événement dont la date était traditionnellement fixée un peu avant l'an 1100 av. J.-C. [2]). La cérémonie de consécration du temple fut simultanée avec la fondation de la colonie gaditane. Posidonios [3]) dit: ,,Gádeira fut fondée, et l'on construisit le sanctuaire dans la partie orientale de l'île, et la ville dans la partie occidentale''.

La nature primitive d'Hercule était celle d'un dieu agricole, d'un dieu de la végétation. Par la suite il acquit d'autres traits, parmi lesquels le plus important était son aspect marin, dû au fait d'avoir été amené par les nautes tyriens (comme leur *Deus Patrius*) dans leurs navigations par toute la Méditerranée et jusqu'au-delà de l'ouverture sur l'Atlantique. Son contact postérieur avec l'Héraclès grec, lui valut en outre sa signification solaire, perceptible dans ses aventures dans le lointain Occident, là où le soleil se couche. Son identification avec l'Héraclès grec apparaît déjà clairement à Chypre à partir du VIᵉ siècle av. J.-C. [4]).

Cependant, Hercule n'est représenté sur les monnaies tyriennes à la manière grecque que bien avant dans la période hellénistique, dans des frappes datées de l'an 126. L'équation Melkart-Héraclès est donc relativement moderne. Avec la conquête romaine de la

---

* Pour ce chapitre *in extenso* voir mon travail dans *AEArq.* 36, 1964, 70 ss.
1) En phénicien Gádir, en grec Gadeira et en latin Gades.
2) Sur le problème de la datation, voir ce qui se rapporte aux dieux phéniciens, p. 1 note 1.
3) Dans Strabon, III, 5, 5.
4) Dussaud, *Melqart* dans *Syria* 25, 1946-8, 205 ss.

Péninsule, et la dynastie des empereurs d'origine espagnole, il s'identifia à son tour avec l'Hercule romain, et son culte acquit une grande importance.

Étymologiquement, Melkart signifie ,,Roi de la Cité'', de sorte qu'il était à l'origine un Baal de Tyr. On disait qu'il était mort embrasé dans sa cité [1]).

Il s'agit sans doute d'une mort rituelle, comme celle de Didon à Carthage ou d'Amilcar à Himera, en 480 [2]).

D'où son ancienne épithète ,,vieillard du feu'' [3]). À l'égal de nombreuses divinités orientales (Adonis, Osiris, Attis, etc.), Melkart subit les phases passion, mort et résurrection. C'est ainsi que le roi Hiram Ier institua, dès le Xe siècle av. J.-C., une fête commémorative de la renaissance de Melkart [4]) τοῦ 'Ηρακλέους ἔγερσις. Cette fête avait lieu en février-mars, coïncidant avec les premières manifestations du renouveau végétal, c'est-à-dire, du Printemps. Ainsi donc — et les parallélismes avec d'autres divinités orientales continuent à s'imposer — Melkart nous apparaît dès son origine comme une conception sotériologique, salvatrice, — comme un dieu avec *passio* et *resurrectio*, comme un *numen* en constante palingénésie. Tout cela s'accorde très bien avec son caractère primitif végétal et agricole, avec l'éternelle re-création de la Nature, sa renaissance au Printemps, sa mort par le feu en été. Le jour de sa fête une victime humaine était offerte chaque année, qui sans doute devait être brûlée, comme l'avait été le dieu [5]). Cette fête devait avoir lieu au tombeau du Baal de Tyr. Tous les cinq ans une autre grande fête était célébrée avec des jeux en l'honneur du dieu [6]).

1) Ps. Clemens *Recogn.*, 10, 24; cf. Migne, *PG.*, I, 1434: *Herculi apud Tyrum ubi igni crematus est.*

2) O. Eissfeldt, *Molk als Opferbegriff im punischen und hebräischen* dans *Beiträge sur Religionsgeschichte des Altertums* 3, Halle, 1935; G. Ch. Picard, *Les religions de l'Afrique antique*, Paris, 1954, 46 ss.

3) Nonnos, *Dionys.*, 40, 369.

4) Ménandros apud Iosephum, *Arch.*, 8, 5, 3; idem, *contra Apion*, I, 18.

5) Plin., *NH*, qui fait allusion à son image de Rome. Il est très probable, puisqu'il parle ici des Puniques en général, qu'il se réfère aussi au Melkart gaditan, car il convient de rappeler que Pline avait été en Espagne.

6) Ps. Clemens, *Recogn.*, 10, 24; Polyb., XXXI, 12, 12; Q. Curt., *Alex.*, V, 2, 10; Arrien, *Anab.*, II, 24, 5; Achille Tatius, VII, 14; Macchabée, IV, 18-20.

Cependant, nous ne savons rien de précis sur les sacrifices humains en relation avec le Melkart de Tyr. Mais il est logique de supposer que cette terrible coutume (bien constatée pour le Saturne phénicien) peut être attribuée aussi bien à Tyr qu'à Cadix et aux autres sanctuaires héracléens de l'Occident punique. En fait il y a deux références à l'Espagne qui, bien qu'elles semblent concerner plutôt Baal-Ammon (Saturnus, Kronos), pourraient également se rapporter à Melkart. Les deux sont de Cicéron [1]) qui parle dans les deux cas de sacrifices barbares d'êtres humains accomplis à Cadix et de son temps. De même, les sacrifiés de Carmona pourraient être des victimes de cette atroce coutume [2]). Naturellement le dieu archégète de Tyr fut transporté dans les colonies fondées par les Tyriens, aussi bien dans la Méditerranée (Carthage) que dans l'Atlantique (Gadir, Lixus, etc.). À Carthage il apparaît comme faisant partie d'une triade avec Astarté, comme épouse de Melkart, et Eshmoun. Chaque année la colonie envoyait à la métropole une délégation chargée de lui rendre hommage et culte [3]).

Dans toutes les colonies carthaginoises et phéniciennes de l'Occident, Melkart devait être très vénéré. L'on soupçonne même, et avec des raisons bien fondées, que l'Hercule romain de l'Ara Maxima et du Forum Boarium était à l'origine le Melkart tyrien, amené là par les Carthaginois [4]). Dans la Péninsule Ibérique elle-même, à en juger d'après les frappes des cités d'atmosphère punique où l'on peut voir son effigie, Melkart était vénéré, entre autres localités du midi qui n'ont pas été bien identifiées, à *Iptuci, Lascuta, Sexi, Iliberri, Hasta, Ostippo, Tucci, Ipsca, Salacia, Carteia* (appelée auparavant *Herákleia*) *Bailo, Carmo, Searo, Ilse, Callet, Sisipo-Detumno, Carisa*, etc. [5]). On peut supposer que Melkart avait dans ces villes un sanctuaire.

Parmi ces lieux nombreux de culte, celui qui était appelé à le devenir par autonomase, se détachant de façon exceptionnelle dans

---

1) *Pro Balbo* 43 et *Ad fam.*, X, 32, 3.
2) Sur ce problème voir plus haut ce qui se rapporte à Baal-Ammon.
3) Q. Curt., *Alex.*, IV, 2, 10 et IV, 3, 22; Arr., *Anab.*, II, 24, 5; Diod., XIII, 108, XX, 14; Polyb., XXXI, 12 et 20; Just., XVIII, 7, 7.
4) Voir récemment D. van Berchem, *Hercule Melqart à l'Ara Maxima* dans *Rend.Pont.Acc.*, 32, 1950-60, 61 ss.
5) Vives, *MH.*, s.v.

le Monde Antique, était celui de Gadir. En effet, l'Hercules Gaditanus, qui était une divinité locale à ses débuts les plus lointains,
était devenu, dès l'époque hellénistique et ensuite à l'époque romaine, l'une des divinités les plus importantes parmi les grandes
déités de caractère œcuménique. L'histoire de cette ascension —
qui sera décrite dans les pages suivantes — commence avec la
fondation de Cadix et se termine avec l'écroulement de l'Empire
romain. Pas moins de quinze siècles d'existence ininterrompue!
La vie du sanctuaire à travers ces 1500 ans peut être divisée en
trois grandes périodes ou phases: la première phénicienne, la
deuxième hellénistico-carthaginoise, et la troisième romaine impériale. Nous connaissons très mal la première, mais bien mieux
(relativement) les deux autres. On peut donc affirmer que le
Melkart que nous pouvons entrevoir aujourd'hui est, en réalité,
sa dernière transformation gréco-romaine en Héraclès-Hercule.

Quant à ses épithètes, il est appelé parfois Hercule Tyrien
(Appien, *Iber.*, I, 2; Arrien, *Anab.*, II, 16, 1-4.). Cependant Méla
(III, 46) et Philostrate (*V. Apoll.*, II, 33; V, 4-5) l'appellent aussi
Égyptien et Thébain. Arnobius (*Adv. Nat.*, I, 36) ne fait pas de
différence. L'épithète Thébain procède de son aspect postérieur
grec. Celle d'Égyptien semble être employée comme équivalente
de celle d'Hercule Libyque (Sil. Ital., XII, 359-60; Oros., V, 15, 8).
Pline (*NH*, IV, 120) reprend l'opinion que les Tyriens procédaient
de la Mer Rouge, ce qui aiderait à expliquer l'épithète, comparable
à celle d'Hercule Carthaginois. Pendant l'Empire on le cite couramment comme Hercules Gaditanus [1]). Il avait en plus les épithètes
habituelles d'*Invictus* [2]), de *Primigenius* [3]) et d'*Augustus* [4]).

Il est déjà parfaitement établi que l'endroit où avait été érigé
le fameux temple était celui qu'on appelle aujourd'hui île de
Sancti Petri [5]), au S.-E. de Cadix, à 18 km. environ de cette ville.
Les érudits ont toujours cru que le sanctuaire de l'Hercule Gaditan
se trouvait en terre ferme: les uns le situaient à Chiclana [6]), les

---

1) Sur des monnaies, comme nous le verrons plus tard, et *CIL* II, 3409.
2) *CIL* II, 1660.
3) *CIL* II, 1436.
4) *CIL* II, 1303-4, et la pierre récemment trouvée à *Munigua* (Mulva).
5) Vulgairement on dit et l'on écrit Santipetri ou Santi Petri.
6) Hübner dans *PWRE s.v.* Gades, col. 449.

autres en différents points de la côte [1]). Mais les archéologues et les historiens espagnols, confrontant les textes avec l'archéologie et la paléogéographie du lieu, avaient supposé dès la Renaissance que l'Héracléion s'élevait précisément sur ce qui est aujourd'hui l'Île de Sancti Petri. Les recherches modernes ont confirmé, avec plus de preuves et de nouveaux arguments, que l'opinion indigène traditionnelle était exacte, et c'est aujourd'hui un problème résolu, sur lequel il n'est pas nécessaire d'insister [2]). Le changement du profil côtier de cette zone à travers vingt siècles a été assez profond. Seule une reconstitution idéale de l'aspect qu'il offrait pendant l'Antiquité, peut expliquer les descriptions anciennes et justifier les trouvailles sous-marines réalisées si souvent dans ces eaux. Les études géologiques ont démontré que l'îlot de Sancti Petri, situé au S.-E. de Cadix, en face de la côte, est ce qui reste aujourd'hui d'une longue île, qui, vers le début de notre ère, allait de Cadix au sanctuaire d'Hercule. La mer a détruit au cours des temps cette île, la faisant disparaître presque en entier, et engloutissant sous les vagues une bonne partie au moins — sinon tout — de ce qui avait été le sanctuaire. Dans cette grande et longue île, si bien décrite dans les textes anciens, courait une chaussée romaine, encore visible par endroits, qui reliait Gadir avec son Héracléion à travers 18 km. environ, l'équivalent des 12 milles dont parlent les textes. Déjà dans l'antiquité le phénomène d'érosion de la côte dans cette partie se trouvait à une étape avancée, car les textes permettent de déduire que, vers le début de notre ère, le temple se dressait presque au bord de l'eau, qui, au moment des fortes marées, pouvait même s'y introduire [3]). La correction de Groskurd apportée au passage de Strabon est erronée. Groskurd, qui ne connaissait pas le problème, avait jugé bon de corriger le texte transmis, que nous devons respecter, parce qu'il est exact. Le temple occupait toute la partie méridionale de cette grande île,

---

1) Kahrstedt dans *AA* 1912, 223, fig. 2.
2) Cf. cependant parmi les livres récents: C. Pemán, *El pasaje tartésico de Avieno*, Madrid, 1941; A. García y Bellido, *F. y C.*, 94 ss; *idem* dans *BRAH* 129, 1951, 79 ss; sur l'évolution géologique du lieu voir Gavala, *BolInstGeol-MinEspaña*, Madrid, 1927. Pour les textes classiques, principalement Strabon, III, 1, 9; III, 5, 3; Méla, III, 46; Plin., *NH*, IV, 119.
3) Posidonios dans Strabon, III, 5, 9; Sil. Ital., III, 32 ss.

qui était plane à cet endroit, et qui devait être déjà partiellement coupée un peu plus au nord du sanctuaire [1]).

Si nous acceptons la chronologie haute, qui suit sans grandes différences celle que donnent les textes, le sanctuaire de Melkart à Cadix date — comme nous l'avons déjà dit — de l'an 1100 av. J.-C. environ, c'est-à-dire du [2]) moment où les Tyriens fondèrent la colonie. Posidonios nous en parle longuement. D'autres écrivains, parmi lesquels il convient de relever Diodore (V, 20, 2), Méla (III, 46), Silius Italicus (III, 17 ss), Arrien (*Anab.*, II, 16, 4) et Philostrate (*V. Apoll.*, V, 1 ss), citent également le sanctuaire gaditan, ajoutant quelques données parfois intéressantes. Mais aucun ne nous donne une idée claire de ce sanctuaire. Ils se bornent à louer son ancienneté et à nous dire que, étant donné son aspect (celui qu'il conservait à l'époque hellénistique-romaine), il dénonçait avec évidence son origine phénicienne, sans indiquer en quoi consistait cette ressemblance. Cependant, en réunissant toutes les notices connues et en les collationnant avec ce que nous savons aujourd'hui du temple phénicien en général, il est possible de se faire une idée approximative de ce qu'était le primitif sanctuaire de l'Hercule Gaditan. Il semble qu'il consistait en un grand téménos, une cour, probablement à portiques, au fond de laquelle se dressait la nef ou temple proprement dit.

Avec le temps cette disposition dut se modifier dans quelques-unes de ses parties. Il semble que ces nouveautés coïncidèrent avec l'identification de Melkart et de l'Héraclès grec. Si notre hypothèse n'est pas erronée, cette équation Melkart-Héraclès dut être admise à Cadix en même temps qu'elle l'était en Orient, dans la seconde moitié du VIe siècle. Nous savons en effet par Silius (III, 32 ss) que dans le sanctuaire gaditan il y avait une grande porte où étaient représentés les travaux d'Hercule, qui se réduisaient ici à dix, et où figuraient et manquaient précisément ceux-là qui figuraient et manquaient dans l'Héracléion de Thèbes, patrie du héros, héracléion où d'autre part, n'étaient racontés que onze *áthloi* [3]). L'un et l'autre étaient donc antérieurs à la fixation des ,,douze travaux'',

1) Cf. Philostr., *Vita Apoll.*, V, 5.
2) Strabon, III, 5, 5 ss.
3) Paus., IX, 11, 6.

fait qui semble postérieur à la fin du VIe ou au début du Ve siècle [1]).

Dans une partie de la cour il y avait une tour ou pyrgos, qui était visible de l'autel. En face de celui-ci se dressaient les deux colonnes dont nous parlerons plus loin [2]). Il devait y avoir également dans le téménos plusieurs autres autels comme celui consacré à Hercule sous sa forme grecque, et ceux consacrés à d'autres divinités. Il devait s'y trouver en outre l'anathème de Pygmalion, un olivier dont les fruits étaient des émeraudes, — ainsi que le reste des ex-voto ou anathémata, et les chapelles des dieux accueillis. De tout ceci nous traiterons plus bas. Il y a des monnaies de Cadix qui nous donnent l'image d'un temple tetrastyle à la manière classique, avec fronton triangulaire et des indices d'une grande porte, qui pourrait être celle décrite par Silius comme ornée des dix travaux d'Hercule, déjà mentionnés. Nous verrions dans cette façade, soit le frontispice du temple hellénistico-romain, soit les propylées qui donnaient accès au sanctuaire, au téménos.

Le sanctuaire n'avait pas d'image de culte. Cela est dit expressément par Silius Italicus (III, 30-1) et Philostrate (*Vita Apoll.*, V, 5). L'on disait aussi que la dépouille mortelle d'Hercule lui-même y était enterrée [3]). L'identification d'Hercule avec Héraclès qui, nous l'avons vu, avait commencé à se manifester dès le milieu du VIe siècle av. J.-C., s'accentuait avec le temps. À l'époque hellénistique cette équivalence est déjà signalée par tous. Les rites phéniciens ne semblent pas avoir été altérés de ce fait dans l'essentiel, et, fidèle à la tradition, le sanctuaire phénicien n'eut jamais d'image de culte. Mais la forme grecque de cette divinité exigeait une représentation selon les coutumes helléniques. Ainsi nous savons par des monnaies d'Hadrien (Pl. XX) que dans le sanctuaire gaditan il y avait un *naiskos* qui abritait une image d'Hercule représenté debout, nu, avec sa massue, et les pommes des Hespérides à la main gauche. Une autre image différente, qui reproduit une statue en bronze, apparaît sur une monnaie de Trajan. Ici Hercule a la peau de lion sur le bras, et couvre son chef de la tête empaillée

---

1) Cf. Keune dans *PWRE* Suppl., III, col. 1021.
2) Porphyr., *De Abstin.*, I, 25.
3) Sall., *Iug.*, 17; Méla, III, 46; Arnob., *Adv. Nat.*, I, 36.

du fauve en manière de casque, comme on le voit habituellement [1]).

Il y a plus: les monnaies de Cadix et des villes voisines [2]) le représentaient aussi à la grecque, en général sans barbe, mais avec la gueule du lion encadrant le visage, sans mentionner la massue qu'exhibent fréquemment aussi ces monnaies. D'autre part nous savons par Silius Italicus (III, 32 ss) que les portes du sanctuaire étaient ornées des travaux d'Hercule (qui ici n'étaient encore que dix). Philostrate (*V. Apoll.*, V, 5) dit qu'il y avait en outre deux autels en bronze sans figures (ἄσημος), en l'honneur de l'Hercule égyptien, c'est-à-dire du tyrien; plus un autre en pierre en l'honneur de l'Hercule Thébain, c'est-à-dire le grec, avec les scènes des hydres et des chevaux de Diomède, en plus des douze travaux du demi-dieu [3]).

L'une des particularités de ce temple était constituée par ses ,,colonnes''. Nous ne savons pas aujourd'hui, — pas plus que les écrivains grecs —, ce qu'étaient en réalité ces ,,colonnes'' (στῆλαι, *columnae*). Dans l'Antiquité elles ont été le sujet de nombreuses discussions, sans qu'on ait pu parvenir à une conclusion. Pour les-uns, c'étaient les deux monts qui se dressent à l'entrée du Détroit, appelés Calpé (Peñón de Gibraltar) et Abyla (lui faisant face, Djebel-Musa). Pour les autres, c'étaient simplement les deux colonnes qui s'élevaient dans l'Héracléion, probablement comme deux *baityloi* semblables à ceux que nous connaissons dans d'autres temples phéniciens [4]). Selon Posidonios (*apud* Strab., *l.c.*), les deux colonnes du temple étaient en bronze et mesuraient 8 coudées de haut. Pour Philostrate (*Vita Apoll.*, V, 5) elles étaient d'un alliage d'or et d'argent, et leur hauteur dépassait d'un peu une coudée; il ajoute qu'elles avaient la forme d'une enclume. Les deux stèles présentaient une inscription, probablement en caractères phéniciens très anciens, déjà indéchiffrables ou difficilement intelligibles même pour les prêtres du temple contemporains de Posidonios. Celui-ci dit que les dépenses du sanctuaire figuraient sur les colonnes. Mais Philostrate affirme que les inscriptions étaient incompré-

---

1) Sur ces frappes voir p. 164.
2) Voir ici p. 154.
3) Voir aussi Sil. Ital., III, 14.
4) Sur ce thème la source principale est Strabon, III, 5, 5-6.

hensibles parce que les caractères n'étaient ,,ni égyptiens ni indiens''.
Les navigateurs venaient à ces colonnes ou stèles sacrifier à Hercule,
une fois accomplie la traversée (Strab., *l.c.*). Nous ignorons leur
situation exacte. Mais elles devaient s'élever, comme dans d'autres
temples phéniciens, devant l'entrée, et c'est pourquoi le prêtre, en
officiant devant l'autel, les avait en face de lui (Porphyrios, *De
Abst.*, I, 25). C'est-à-dire que ce devaient être deux *baityloi* semblables à ceux du sanctuaire de Tyr, ou à ceux qui sont représentés
sur les monnaies de Paphos (Chypre) et dans plusieurs stèles de
pierre, comme celle de Cagliari et celle de Tyr elle-même [1]). Et cela
explique leur hauteur modeste. L'une des stèles du sanctuaire de
Tyr était en émeraudes [2]), ce qui pourrait être en relation, d'une
certaine façon, avec l'ex-voto de Pygmalion du sanctuaire d'Hercule : un olivier d'or dont les olives étaient des émeraudes (Philostr.,
Vita Apoll., V, 5, 1).

Nous avons déjà traité en passant de certains autels du temple.
Il convient de revenir sur ce thème. Philostrate (*Vita Apoll.*, V, 5)
en mentionne deux en bronze, sans ornements figurés, consacrés
à l'Hercule égyptien, et un autre en pierre, orné de reliefs représentant les chevaux de Diomède, l'Hydre et les travaux d'Hercule
(qui sont déjà douze ici), et consacré à la même divinité, mais sous
sa forme grecque [3]). Des autels de bronze existaient également au
vestibule du temple de Jérusalem [4]). Une inscription fait allusion
à un autre semblable [5]). Dans les autels du sanctuaire de Cadix
brûlait un feu constant (Sil. Ital., III, 29.), et il était rituel d'asper-
ger ces autels — nous ignorons si on les aspergeait tous ou seulement
le plus important d'entre eux — chaque jour avec le sang d'une
victime qui pouvait être, dans certains cas, un volatile [6]), mais
jamais un porc, animal qui ne pouvait entrer à l'intérieur du saint
lieu [7]). En plus de ces autels héracléens, l'on cite d'autres consacrés

1) Sur celle-ci voir M. Chéhab dans *Syria* I, 1934, 44 ss, Pl. XI, 1.
2) Heród., II, 44; Theóphr., *Lap.*, 25 éd. Wimmer; Plin., *NH*, 37, 75;
Anthol. Pal., 14, 34; Nonnos, 40, 422. Voir aussi E. Will, dans *Berytus* 10,
1950-1, 1 ss, principalement 3 ss.
3) Cf. aussi Sil. Ital., III, 14.
4) 1 *Rois* 9, 25.
5) G. Contenau, *La civilisation phénicienne*, Paris, 1949, 149.
6) Porphyr., *De Abst.*, I, 25.
7) Sil. Ital., III, 22 s.

à la Vieillesse, à la Pauvreté, à la Mort, à l'Art, à l'Année et au Mois [1]).

Dans l'Héracléion l'on gardait la ceinture de Teucros et l'olivier miraculeux de Pygmalion (Philostr., *Vita Apoll.*, V, 5). Nous savons que Tyr avait également un olivier sacré [2]). Il y avait en outre une statue d'Alexandre [3]) et une autre en bronze de Thémistocle [4]), mais on ne voit pas clairement si celle-ci se trouvait dans la ville. À ces références écrites il faut ajouter celles de trois statues récemment „pêchées" à côté de Sancti Petri, c'est-à-dire dans l'aire du sanctuaire. L'une, en marbre, acéphale, de grandes proportions, représente un personnage dans le style héroïque; une autre, en bronze, de 50 cm. de haut, représente Attis [5]). Enfin la troisième est une grande statue en bronze, qui représente probablement un empereur en costume militaire, et dont les restes se trouvent au Musée de Cadix. La découverte de cette statue d'Attis fait penser à un culte de la Magna Mater et nous permet de supposer que dans le sanctuaire gaditan, comme dans tant d'autres, l'on vénérait aussi d'autres divinités du panthéon oriental, peut-être dans des chapelles ou *naiskoi* dispersés dans l'aire du téménos. Manaseas, qui vécut vers l'an 150 de notre ère, rapporte que dans un certain temple d'Hercule, qu'il ne précise pas mais qui semble être celui de Cadix, l'on élevait de nombreux oiseaux de basse-cour, et il cite des coqs et des poulets [6]).

Le trésor du temple devait être considérable. Le sanctuaire avait le privilège, très rare, de pouvoir hériter [7]), privilège qu'il partageait avec d'autres temples aussi renommés que ceux de Jupiter Capitolin, de la Magna Mater du Sipyle, de Némésis de Smyrne, d'Apollon Didyméen de Milet, etc. Il est naturel que, comme c'est le cas pour d'autres sanctuaires riches, celui d'Hercule Gaditan ait été spolié plus d'une fois. Mago, le général carthaginois,

---

1) Philóstr., *V. Apoll.*, V, 4; Eustath. Archiep., *De capta Thess.*, p. 504, 6 ss; Aelian, π. Ἡρον. dans Eustath., a *Dionys. Per.*, v. 453 *GGM* II, 302.
2) E. Will dans *Berytus* 10, 1950-1, 3 ss.
3) Suet., *Caes.*, 7; Dion Cass., 37, 52.
4) Philostr., *Vita Apoll.*, V, 4.
5) García y Bellido, *Esc. Rom.*, nos 193 et 126 respectivement.
6) Cf. Aelian., π. ζῴων, XVII, 46, vol. I, 433.
7) Ulp., 22, 6.

prit tout ce qu'il put avant d'abandonner la ville aux Romains
en 206 [1]). Varron mit le trésor en sûreté en l'an 49, en le transportant
à Cadix sous sa sauvegarde [2]) ; par la suite il fut restitué au sanctuaire par César (*BG*, II, 21, 4). Celui-ci, peu après, se trouvant sans
ressources, puisa dans le trésor, prenant les ex-voto consacrés à
la divinité gaditane [3]). En l'an 38 av. J.-C. le roi mauritanien
Bogud assiégeait la ville et prétendait saisir les richesses du temple [4]).

Un aspect très intéressant du culte dans ce sanctuaire était
son caractère oraculaire onirique. La fondation de la ville ainsi
￯ue l'érection de l'Héracléion répondaient à un ordre reçu en rêve.
Tous les personnages qui passaient par Cadix allaient entendre
ses prédictions. Annibal, avant d'entreprendre l'assaut de l'Italie
par les Alpes, fit un voyage de Sagonte à Gadès dans le seul but de
consulter ses vaticinations [5]). Là aussi, César eut son fameux rêve
qui, interprété par les prêtres herméneutes du temple, prédit son
grand pouvoir [6]). Par l'inspiration onirique d'Hercule lui-même,
le Grand Prêtre du temple gaditan put sacrifier un jour miracu-
leusement, pendant le long siège du sanctuaire par Bogud en l'an
38 av. J.-C. [7]). En 215 apr. J.-C., Caracalla fit tuer Caecilius Aemilianus, proconsul de la Bétique, pour avoir consulté l'oracle sur
l'avenir de l'empereur déteste [8]).

Si l'on songe à l'origine du culte gaditan, on ne s'étonnera pas
de constater qu'à Cadix on célébrait les rites à la manière de Tyr,
et que ce rituel était celui-là même que l'on observait dans la
métropole à l'égard de l'Hercule tyrien. Ceci est affirmé expressément par Arrien (*Anab.*, II 16, 4), Diodore (V 20, 2) et Appien
(*Iber.*, I 2). Mais ce que nous ont transmis les textes au sujet des
rites tant à Tyr qu'à Cadix est très peu de chose. Silius, le plus
explicite, nous dit que les prêtres de l'Hercule gaditan devaient
être célibataires [9]), qu'ils étaient les seuls à pouvoir pénétrer dans

1) Liv., XXVIII, 36, 2.
2) Caes., *BG.*, II, 21, 4.
3) Dion Cassius, 43, 39, 4.
4) Porphyr., *De Abst.*, I, 25.
5) Sil. Ital., III, 1 ss.
6) Suet., *Caes.*, 7; Dion Cassius, 37, 52.
7) Porphyr., *De Abst.*, I, 25.
8) Dion Cassius, 77, 20, 4.
9) Sil. Ital., III, 28.

le temple, et que son accès était interdit aussi bien aux femmes qu'aux porcs [1]). Il ajoute que les prêtres officiant devant l'autel avaient les pieds nus, et qu'ils devaient s'habiller de lin blanc. Mais ce vêtement n'était pas serré (*discinctus*), bien qu'orné d'une large bande. Ils portaient la tête rasée et entourée d'un ruban que Silius appelle ,,pélusiaque'', sans doute parce que la ville de Péluse, en Egypte, était réputée par ses toiles de fil [2]). Nous retrouvons quelques-unes de ces formules rituelles dans d'autres cultes orientaux: la défense faite aux femmes d'entrer au temple est courante. Les prêtres du temple de Jérusalem portaient aussi des vêtements de lin, mais serrés [3]). Par contre, à Carthage, tout au moins pour certaines cérémonies, les prêtres s'habillaient de pourpre, et se coiffaient de couronnes d'or, parées d'infules [4]). Officier pieds nus était également d'usage. Quant au célibat des prêtres, il faut admettre que c'était une particularité rare. Il y a plus: cette condition était absente du sanctuaire d'Hercule à Carthage [5]). Il y avait des sacrifices tous les jours [6]). Il paraît qu'à Gadès l'on célébrait une fête en l'honneur d'Hercule, à laquelle les étrangers ne pouvaient assister. Il est possible qu'à cette occasion on brûlât une effigie du dieu [7]). Dans l'Héracléion l'on recevait des demandes de prières et de sacrifices des absents [8]). Quelques vœux étaient accomplis après qu'on eut obtenu le bénéfice demandé [9]). Cela exigeait le retour au sanctuaire, comme c'est le cas pour Annibal après sa première visite.

Il y avait un ἀρχιερεύς, ou Grand Prêtre [10]), de sorte qu'il faut supposer qu'il existait une hiérarchie du corps sacerdotal, bien que nous en ignorions les degrés. Par des épigraphes de l'époque impé-

---

1) Sil. Ital., III, 23-4.
2) Sil. Ital., III, 23 ss.
3) Cf. Fr. Cumont, *Fouilles de Doura-Europos* (1922-23), Paris, 1926, 58 et Du Mesnil du Buisson, *Les peintures de la Synagogue de D.-E.*, Rome, 1939; *Excav. at D.-E. Final Report VIII*; *Syria* 3, 1922, 187 ss, Pl. 38-41.
4) Iust., XVIII, 7, 9 ss.
5) Iust., XVIII, 4, 5.
6) Porphyr., *De Abst.*, I, 25.
7) Paus., X, 4, 6; cf. Frazer, *Adonis, Attis, Osiris*, I, Londres, 1927³, 113.
8) Philostr., *V. Apoll.*, V, 8.
9) Liv., XXI, 21, 9.
10) Porphyr., *De Abst.*, I, 25.

riale, nous connaissons divers prêtres de l'Hercule gaditan. Une inscription de Carteia (près d'Algéciras) mentionne [1]) Q. Cornelius Senecio Annianus, qui était consul (probablement *suffectus*) et *legatus* de la *Legio VII Gemina* sous Antonin le Pieux [2]). Une autre inscription provient d'*Epora*, aujourd'hui Montoro [3]). Une troisième est de Grenade [4]), où l'on mentionne un G. Annius comme prêtre de Junon, et son second fils, M. Annius Rufus, comme prêtre d'Hercule, ce qui fait penser que ces divinités étaient réellement Iuno Caelestis et Baal-Ammon (Melkart).

Sur le culte d'Hercule Gaditan à l'époque impériale nous manquons d'information jusqu'à Trajan, né près de Cadix. Il y a des témoignages dans quelques-unes de ses frappes [5]).

Il est très probable que l'Hercule que l'on voit à l'Arc de Trajan de Benevent, dans la partie qui fait face à la campagne, est le Gaditanus [6]). Avec Hadrien, ce culte impérial apparaît plus clairement, puisqu'il frappe des monnaies avec la légende *HERC(ules) GADIT(anus)* [7]). Deux de ces frappes d'Hadrien montrent Hercule dans un petit temple avec deux divinités des deux côtés. L'identification de ces figures est très problématique. Nous croyons que ce sont des allégories de la double cité de Cadix qui, pour cette même raison, était aussi appelée Didyme [8]). Dans d'autres frappes postérieures, sous les Antonins, nous devons voir également des représentations sans doute allusives à notre divinité gaditane. Au IIIe siècle le seul témoignage est celui des émissions de Postumus, avec légende explicite et complète: *HERCVLI GADITANO*.

Quant aux vicissitudes historiques du sanctuaire, nous en savons fort peu de chose. En plus des indications sur ses origines, culte,

---

1) *CIL* II, 1929.
2) *PIR*² II, no 1450; P. Lambrechts, *La composition du Sénat romain*, Anvers, 1936, no 387.
3) *CIL* II, 2162.
4) A. D'Ors dans *Bol. Univers. Granada*, 1947, 5 du tirage à part.
5) Strack, *Untersuchungen zur römischen Reichsprägung*, I, Stuttgart, 1931, 95 ss, n. 32; *Rom. Imper. Coinage*, II, 247; J. Beaujeu, *La religion romaine à l'apogée de l'Empire*, I, Paris, 1955, 81 ss; R. Etienne, *Le culte impérial dans la Péninsule ibérique*, Paris 1958, 70 ss.
6) Strack, *Unters. RR.*, I, 103; Paribeni, *Opt. Princ.*, II, 257; Toynbee, *Hadr. School*, 15, n. 5; Beaujeu, *o.c.*, Appendix, I, 431 ss.
7) Strack, *l.c.*, II, 85 nos 68, 87-90; *Coins of the Br. Mus.*, III, 253, 98 ss.
8) Strabon, III, 5, 3.

images, etc. nous savons qu'il eut à soutenir plusieurs sièges. L'un d'eux doit se placer en plein VIe siècle av. J.-C. lorsque, selon Macrobe (Sat., I, 20, 12), les Ibères le cernèrent par la mer [1]). Plus historique est la référence de Porphyre (De Abst., I, 25) qui fait allusion au siège du sanctuaire par Bogud, roi de la Mauritanie, en 38 av. J.-C. La dernière indication est donnée par Avienus (OM, 270 ss) vers l'année 400 de notre ère. Après une description de l'aspect qu'offrait alors la ville de Cadix, déjà en ruine, n'étant même pas l'ombre de ce qu'elle avait été, il dit (OM, 273-4) que les cérémonies de son Héracléion étaient la seule chose digne d'intérêt (nos hic locorum praeter Herculaneam solemnitatem vidimus miri nihil), ce qui permet de déduire que même vers l'année 400 le sanctuaire célébrait ses fêtes, quoique nous ignorions le degré de liberté dont il jouissait. La brève indication d'Avienus ferme désormais la série des mentions de ce grand centre religieux de l'Occident, car l'histoire ne le cite plus [2]).

Le sanctuaire gaditan d'Hercule fut visité par tous les personnages historiques qui passèrent par l'Espagne. De sa réputation nous parle Diodore (V, 20, 2), qui affirme que beaucoup de notables romains y entrèrent [3]); non seulement des Romains d'ailleurs, mais aussi des Grecs et des Carthaginois. Nous avons l'énumération des visites et des consultations de son oracle par Annibal en 219 av. J.-C. [4]), Silenos, à la fin du IIIe siècle av. J.-C. [5]); Fabius Maximus, en 145 av. J.-C. [6]); Polybios, vers 133 [7]); Artemidoros vers le 100 [8]); César l'an 68 [9]); Apollonios de Tyane et Damis, au temps de Néron [10]); Caecilius Aemilianus, en 215 apr. J.-C. [11]) et Avienus, vers l'an 400 (OM, 273-4).

1) Cf. aussi Iust., XLIV, 5, 2-4; Vitruv., X, 13, 1; Athenaios, π. μηχανημ., éd. Schneider, Griech. Poliork., II, 14.
2) Pour la grande tour couronnée de la statue de bronze, si souvent citée au temps des Arabes, nous renvoyons à la dernière partie de notre étude Iocosae Gades dans BRAH 129, 1951, 73 ss.
3) Cf. aussi Priapea, 75, 8-9.
4) Liv., XXI, 21, 9; Sil. Ital., III, 1 ss.
5) Plin., NH., IV, 120; Strabon, III, 5, 7.
6) Appien, Iber., 65.
7) Plin., NH., IV, 19; V, 9; Polyb., III, 59, 7; Strabon, III, 5, 7.
8) Strabon, III, 5, 7; Dion Cassius, 37, 52, 3; Plut., Caes., 11, 3 et 32.
9) Suet. Caes 7; Cassius Dio 37, 52, 3; Plut. Caes 11 et 32.
10) Philostr., Vita Apoll., IV, 47.
11) Dion Cassius, 77, 20, 4.

Addenda aux chapitres XI (Isis) et XII (Sérapis)

León (*Legio VII Gemina*). Dalle de marbre blanche trouvée dans les murailles en Novembre de 1963. Hauteur 84 cm. Elle est conservée au Musée de la Colegiata de San Isidoro. L'inscription, en très bonnes lettres, est la suivante: *Aesculapio | Saluti | Serapi* (sic) *Isidi | L. Cassius Paullus | Augustanius Alpinus | Bellicius Sollers | et M. Cassius Agrippa | Sanctius Paullinus | Augustanius Alpinus | . . . .* Publiée par moi (*Archivos* 36, 1964, 179 ss.) a été étudiée par Mr. Pflaum au point de vu prosopographique dans un article qui sortira en *AEArq.* 39, 1966.

PLANCHES I-XX

Mérida. Museo Arqueológico.
Hermès du *Mithréum* d'*Emerita Augusta*

Chronos mithriaque du *Mithréum d'Emerita Augusta*.
Mérida. Museo Arquelógico.

Chronos mithriaque du *Mithréum* d'*Emerita*.
Mérida. Museo Arqueológico.

Statue mithriaque du sanctuaire d'*Emerita Augusta*.
Museo Arqueológico d'Mérida.

Inscription taurobolique de 234.
Cordoue. Museo Arqueológico.

Inscription taurobolique de 238.
Cordoue. Museo Arqueológico.

Ara taurobolique d'*Emerita Augusta*.
Madrid. Museo Arqueológico.

Ara d'*Emerita*. Face posterieure (cf. Pl. VII, 1).

Ara d'*Emerita Augusta*. Les deux côtes (cf. Pl. VII 1 et 2).

Bronze de Tyche d'Antioche.
Antequera (Málaga). Collection privée.

Monument isiaque d'*Acci* (Guadix, Prov. de Grenade).
Sevilla, Museo Arqueológico.

Monument d'*Acci*. (cf. Pl. X)

Portrait d'une Prêtresse d'Isis d'*Emerita Augusta*.
Merida. Magasin du Museo Arqueológico.

Isis de *Clunia*. Museo Arqueológico de Burgos.

Mosaïque d'*Emerita Augusta* signée par Seleucus et Anthus.
Mérida. La Alcazaba.

Sérapis provenant de la région de Valladolid.
Vich. Museo Episcopal.

Sérapis du *Mithréum d'Emerita Augusta*.
Mérida. Museo Arqueológico.

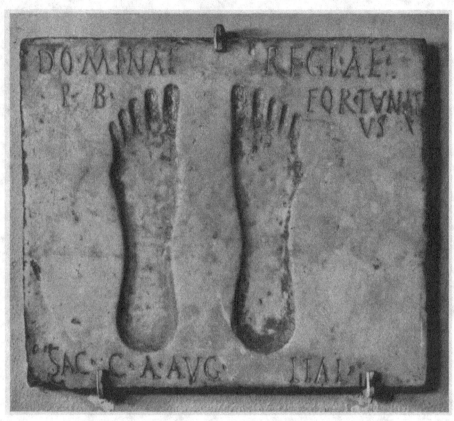

Dalle votive d'Italica avec dédicace à *Domina Regina*.
Sevilla. Museo Arqueológico.

Stèle de Tajo Montero, près de Estepa (*Astapa*).
Madrid. Museo Arqueológico.

Figurines de Tanit du sanctuaire -grotte D'els Cuyram, dans l'île d'Ibiza.

Monnaies d'Hadrien avec *naiskos* et statue d'Hercules Gaditanus.

Printed in the United States
By Bookmasters